D1921326

KOMMUNALES ABGABENRECHT NORDRHEIN-WESTFALEN

Die Studieninstitute
für kommunale Verwaltung in NRW

Die Studieninstitute
für kommunale Verwaltung in NRW

Andreas Wagener

KOMMUNALES ABGABENRECHT

NORDRHEIN-WESTFALEN

Maximilian Verlag
Hamburg

Redaktionsstand: 01.07.2018

ISBN 978-3-7869-1062-6

© 2018 by Maximilian Verlag GmbH & Co. KG, Hamburg
Alle Rechte vorbehalten.

Umschlaggestaltung und Produktion: Marisa Tippe, Hamburg
Druck und Weiterverarbeitung: druckhaus köthen

Printed in Germany

DER BUCHAUTOR

Andreas Wagener, Jahrgang 1967, ist Diplom-Verwaltungswirt (FH) und Betriebswirt (VWA). Er war ab 1990 in verschiedenen Bereichen der Stadtverwaltung Ennepetal, zuletzt im Finanzwesen, tätig. Mit seinem Wechsel zur Stadt Wetter (Ruhr) im Mai 2006 wurde er zum Kämmerer bestellt; sein Fachbereich umfasst aktuell die Fachdienste Finanzen, Bürgerdienste (Bürgerbüro, Bücherei und Standesamt) sowie die öffentliche Ordnung.

Im Südwestfälischen Studieninstitut für kommunale Verwaltung in Hagen unterrichtet Andreas Wagener seit 2003 nebenamtlich verschiedene Fächer der öffentlichen Finanzwirtschaft, schwerpunktmäßig „kommunales Finanzmanagement" und „kommunale Abgaben" in den Angestelltenlehrgängen I und II sowie im Zertifikatslehrgang „Bilanzbuchhalter kommunal" des Institutes der Rechnungsprüfer und Rechnungsprüferinnen in Deutschland e. V. (IDR).

VORWORT

Das kommunale Abgabenrecht ist vielschichtig und komplex. Die Bedeutung für die kommunale Finanzwirtschaft ist erheblich, da die Aufgabenerfüllung zu einem maßgeblichen Teil aus öffentlich-rechtlichen Abgaben finanziert wird.

Mithilfe dieses Buches soll ein Überblick über die verschiedenen Abgabearten, aber auch über sonstige gemeindliche Einnahmen gegeben werden. Neben den verfassungsrechtlichen Grundlagen und dem Abgabenverwaltungsrecht sollen schwerpunktmäßig kommunale Steuern, Gebühren und Beiträge betrachtet und erläutert werden. Das Kapitel zum Finanzausgleich und den Finanzbeziehungen zwischen dem Bund, den Ländern und den Gemeinden ergänzt den abgabenrechtlichen Teil um weitere wichtige Einnahmequellen.

Das Buch richtet sich hauptsächlich an Teilnehmende an Verwaltungslehrgängen in den Studieninstituten in Nordrhein-Westfalen. Es ist aber ebenso für interessierte Praktiker/-innen in der öffentlichen Verwaltung oder Studierende an Fachhochschulen für öffentliche Verwaltung geeignet, um sich einen guten Überblick über die kommunale „Finanzlandschaft" zu verschaffen.

Der Autor dankt dem Südwestfälischen Studieninstitut für kommunale Verwaltung in Hagen und dem Maximilian Verlag in Hamburg für die Unterstützung.

Wetter (Ruhr), im April 2018

Andreas Wagener

INHALT

ABKÜRZUNGSVERZEICHNIS

Abs. .... Absatz
AG .... Aktiengesellschaft
Alt. .... Alternative
AO .... Abgabenordnung
Art. .... Artikel
BauGB .... Baugesetzbuch
BewG .... Bewertungsgesetz
BFH .... Bundesfinanzhof
BGB .... Bürgerliches Gesetzbuch
BMF .... Bundesministerium der Finanzen
BT .... Bundestag
BVerfG .... Bundesverfassungsgericht
bzw. .... beziehungsweise
d. h. .... das heißt
EStG .... Einkommensteuergesetz
etc. .... et cetera
EU .... Europäische Union
FAG .... Finanzausgleichsgesetz
ff. .... fortfolgende
GebG NRW .... Gebührengesetz für das Land Nordrhein-Westfalen
gem. .... gemäß
GemHVO .... Gemeindehaushaltsverordnung für das Land Nordrhein-Westfalen
GewO .... Gewerbeordnung
GewStG .... Gewerbesteuergesetz
GFG .... Gemeindefinanzierungsgesetz für das Land Nordrhein-Westfalen
GFRG .... Gemeindefinanzreformgesetz
GG .... Grundgesetz
GmbHG .... Gesetz betreffend die Gesellschaften mit beschränkter Haftung
GO .... Gemeindeordnung für das Land Nordrhein-Westfalen
GrdStG .... Grundsteuergesetz
i. d. R. .... in der Regel
i. S. d. .... im Sinne des/der
i. V. m. .... in Verbindung mit
IT.NRW .... Landesbetrieb Information und Technik Nordrhein-Westfalen
KAG .... Kommunalabgabengesetz für das Land Nordrhein-Westfalen
KiBiz .... Kinderbildungsgesetz
km^2 .... Quadratkilometer
lit. .... littera (lateinisch für Buchstabe)
lt. .... laut
LVerbO .... Landschaftsverbandsordnung für das Land Nordrhein-Westfalen

Nr. ..... Nummer
NRW ..... Nordrhein-Westfalen
OVG ..... Oberverwaltungsgericht
s. o. ..... siehe oben
SGB ..... Sozialgesetzbuch
u. a. ..... unter anderem
Urt. ..... Urteil
v. H. ..... vom Hundert
v. T. ..... vom Tausend
VA ..... Verwaltungsakt
Verf NRW ..... Verfassung des Landes Nordrhein-Westfalen
VerfGH ..... Verfassungsgerichtshof des Landes Nordrhein-Westfalen
vgl. ..... vergleiche
VV ..... Verwaltungsvorschriften
VwVfG ..... Verwaltungsverfahrensgesetz für das Land Nordrhein-Westfalen
z. B. ..... zum Beispiel
z. T. ..... zum Teil
zzt. ..... zurzeit

1. Einordnung der Gemeindefinanzen in die Staatsverfassung

1.1 STAATLICHE UND GEMEINDLICHE AUFGABENFINANZIERUNG

Öffentliche Aufgaben sind vielschichtig und einem stetigen Wandel unterworfen. Die öffentliche Hand[1] übernimmt zahlreiche Aufgaben, die auf dem Gedanken der **Daseinsvorsorge**, also der „grundlegenden Versorgung der Bevölkerung mit wesentlichen Gütern und Dienstleistungen durch den Staat und/oder von der öffentlichen Hand geförderten Organisationen"[2], basiert. 1

In der Zeit nach dem Zweiten Weltkrieg bestand z. B. eine vordringliche öffentliche Aufgabe in der Wiederherstellung der öffentlichen Infrastruktur oder in der Versorgung der Bevölkerung mit Wohnraum. Aus dem Grundgedanken des Sozialstaatsprinzips entstand ein Sozialhilferecht, das sich aus der ursprünglichen „Armenfürsorge" zu einem Recht auf menschenwürdige Existenzsicherung und Teilhabe am gesellschaftlichen Leben entwickelte. Ebenso wurde z. B. das Jugendwohlfahrtsgesetz durch ein Kinder- und Jugendhilfegesetz ersetzt und fortentwickelt. In den letzten Jahrzehnten entstanden vielfach und vermehrt Hallenbäder (und sogenannte „Spaßbäder"), Sportstätten, Musikschulen oder Volkshochschulen. Die „klassischen" Kindergärten wurden zu Kindertagesstätten ausgebaut, auch um Kinder unter drei Jahren zu betreuen. Die Anforderungen an die umweltgerechte Abwasserbeseitigung nahmen ebenso zu wie das Bedürfnis nach Kultur oder Freizeitgestaltung vor Ort. 2

Was sind also **„öffentliche Aufgaben"** im Allgemeinen? Kennzeichnend für alle öffentlichen Aufgaben ist, dass sie entweder 3

- durch Bundes- oder Landesrecht vorgeschrieben sind oder
- durch den Rat in Form von Satzungen oder einfachen Beschlüssen verbindlich festgelegt werden.

Die Finanzierung der zur Aufgabenerfüllung erforderlichen Ausgaben[3] erfolgt durch verschiedene Einnahmen. Diese Einnahmen sollen die Ausgaben decken **(Bedarfsdeckungsprinzip)**. 4

Wie erfolgt also die staatliche und gemeindliche Aufgabenfinanzierung? 5

Art. 104 a GG regelt die Aufgaben- und Lastenverteilung zwischen dem Bund und den Ländern. Hier heißt es auszugsweise: 6

---

[1] Bund, Länder, Gemeinden und Gemeindeverbände, ferner Sozialversicherungsträger oder Kammern, die hier nicht näher betrachtet werden

[2] Vgl. (Schäfer, 2013)

[3] An dieser Stelle wird nicht zwischen den Begriffen Einnahmen/Ausgaben oder Aufwendungen/Erträgen differenziert.

7 Art. 104 a GG (Ausgabenverteilung; Finanzhilfen):

8 (1) Der Bund und die Länder tragen gesondert die Ausgaben, die sich aus der Wahrnehmung ihrer Aufgaben ergeben, soweit das Grundgesetz nichts anderes bestimmt.

9 (2) Handeln die Länder im Auftrage des Bundes, trägt der Bund die sich daraus ergebenden Ausgaben.

10 (3) Bundesgesetze, die Geldleistungen gewähren und von den Ländern ausgeführt werden, können bestimmen, dass die Geldleistungen ganz oder zum Teil vom Bund getragen werden. Bestimmt das Gesetz, dass der Bund die Hälfte der Ausgaben oder mehr trägt, wird es im Auftrage des Bundes durchgeführt. Bestimmt das Gesetz, dass die Länder ein Viertel der Ausgaben oder mehr tragen, so bedarf es der Zustimmung des Bundesrats.

(...)

11 Die Aufgabenfinanzierung erfolgt zu einem hohen Anteil durch **Steuern**. Diese stellen Zwangsabgaben dar, die als Geldleistungen ohne direkte Gegenleistungen durch einen öffentlich-rechtlichen Hoheitsträger erhoben werden (vgl. Definition der Steuer in § 3 Abs. 1 AO).

12 Entscheidende Bedeutung kommt verfassungsrechtlich dem **Art. 106 GG** zu, der die Verteilung des Steueraufkommens und des Ertrages der Finanzmonopole beinhaltet. Hier wird unterschieden zwischen Steuern, die nur einer staatlichen Ebene (Bund, Länder, Gemeinden) zusteht („Trennsystem"), und Steuern, die auf mehrere Ebenen verteilt werden (Gemeinschaftsteuern, „Verbundsystem").

13 Zu den bundeseigenen Steuern (Abs. 1) gehören:

14 • die Zölle (= Steuern, die der Staat für die Wareneinfuhr aus dem Ausland erhebt). Sie werden über die Bundeskasse an die EU weitergeleitet;

15 • die Finanzmonopol(e): nur noch das Branntweinmonopol; die Einnahmeerzielung erfolgte ursprünglich im Wesentlichen durch eine Lizenzvergabe („Brennrecht") an produzierende Unternehmen. Seit vielen Jahren wurde nur noch Agraralkohol seitens des Staates übernommen und vermarktet und wurde daher seitens der EU als Subvention kritisiert. Das Branntweinmonopol wurde Ende 2017 abgeschafft;

16 • die Verbrauchsteuern, soweit sie nicht anderen Gebietskörperschaften zustehen oder Gemeinschaftsteuern sind; Verbrauchsteuern setzen beim Übergang verbrauchbarer Güter an den Verbraucher an; bundeseigen sind u. a.: Mineralölsteuer, Tabaksteuer, Kaffeesteuer, Schaumweinsteuer, Stromsteuer;

17 • die Verkehrsteuern, soweit sie nicht den Ländern zustehen oder Gemeinschaftsteuern sind; Verkehrsteuern knüpfen an Vorgänge des Rechtsverkehrs (Rechtsgeschäfte) an. Bundeseigene Verkehrsteuern sind: die Versicherungsteuer; die Kapitalverkehrsteuern (Börsenumsatzsteuer, Wechselsteuer und Gesellschaftsteuer durch das Finanzmarktförderungsgesetz 1990 abgeschafft); zu den Verkehrsteuern gehören seit dem 1.7.2009

auch die Kraftfahrzeugsteuer und sonstige auf motorisierte Verkehrsmittel bezogene Steuern. Die Zuordnung zu den Verkehrsteuern ist mit Blick auf die ursprüngliche Definition (s. o.) umstritten. Sinnvoller wäre die Klassifizierung als Aufwandsteuer, da der Steuergegenstand – das Halten eines Kraftfahrzeuges – an die Einkommensverwendung anknüpft;

- die Vermögens- und Ausgleichsabgaben zur Durchführung des Lastenausgleichs; der Bund trägt gem. Art. 120 GG die Kriegsfolgelasten; 18
- die Ergänzungsabgabe zur Einkommen- und Körperschaftsteuer; aus konjunktur- bzw. umverteilungspolitischer Sicht eingeführter Zuschlag („Solidaritätszuschlag"); ab 01.01.1995 7,5 %, ab 01.01.1998 5,5 % der jeweiligen Bemessungsgrundlage; 19
- die Abgaben im Rahmen der europäischen Gemeinschaften; sogenannte Abschöpfungen (= Preisausgleiche in der EU, die an die EU-Kasse weitergeleitet werden). 20

Ländereigene Steuern (Abs. 2) sind: 21

- die Vermögensteuer (bis 31.12.1996); 22
- die Erbschaftsteuer; Besteuerungsgrundlage: Wert eines Erbes sowie Schenkungen unter Lebenden (die Schenkungsteuer ist mit der Erbschaftsteuer im selben Gesetz geregelt); 23
- die Verkehrsteuern, soweit sie nicht dem Bund zustehen, z. B. Grunderwerbsteuer (zzt. in NRW: 6,5 % auf den Kaufpreis), Feuerschutzsteuer (die Gemeinden erhalten eine pauschale investive Zuweisung aus dem Aufkommen), Rennwettsteuer und Lotteriesteuer; 24
- die Biersteuer; Steuergegenstand ist die Produktion von Bier; 25
- die Spielbankabgabe; Teile werden nach Landesrecht an die entsprechenden Gemeinden weitergeleitet, da Spielbanken von der Einkommen- und Umsatzsteuer befreit sind. 26

Zu den gemeindeeigenen Steuern (Abs. 6) zählen: 27

- die Grundsteuern, 28
- die Gewerbesteuer, 29
- die örtlichen Verbrauch- und Aufwandsteuern, z. B. Hundesteuer, Vergnügungsteuer, Zweitwohnungsteuer; diese Steuern knüpfen an die Einkommensverwendung an bzw. haben eine Ordnungs- oder Lenkungsfunktion (z. B. bei der Hundesteuer: Verringerung des Hundebestandes; Vergnügungsteuer: Eindämmung der Spielsucht an Spielautomaten). 30

Gemeinschaftsteuern (nach dem Verbundsystem) sind: 31

- die Körperschaftsteuer (Abs. 3); diese steht nur dem Bund und den Ländern zu; 32
- die Einkommensteuer (Abs. 3 und 5); diese steht dem Bund, den Ländern und den Gemeinden zu; 33
- die Umsatzsteuer (Abs. 3 und 5 a); ein Anteil fließt ab dem 1.1.1998 an die Gemeinden als Ausgleich für den Wegfall der Gewerbekapitalsteuer. 34

35 *Exkurs: Die Schreibung mit Doppel-s:*

36 *Vielfach liest man folgende Schreibungen: Vermögenssteuer, Einkommenssteuer, Verbrauchssteuer, Vergnügungssteuer u. dgl. Hierbei handelt es sich um das s genannte Fugen-s bzw. Binde-s, das unter bestimmten Voraussetzungen bei zusammengesetzten Wörtern verwendet wird. In den jeweiligen Rechtsvorschriften werden die Steuerarten dagegen nur mit einem s geschrieben, z. B. Einkommensteuergesetz, Vermögensteuer, Verbrauchsteuern (Art. 106 GG). Interessanterweise wird die Vergnügungssteuer in § 3 Abs. 2 KAG mit Doppel-s geschrieben. Die neue Rechtschreibung ermöglicht beide Schreibweisen.*

37 *Der Autor plädiert aufgrund des Bezugs zur jeweiligen Steuerart (z. B. Einkommen, Umsatz, Zweitwohnung) für die Schreibung mit einem s.*

38 Die gemeindliche Aufgabenfinanzierung ist verfassungsrechtlich auch über Art. 28 GG gewährleistet. Nach Abs. 2 muss den Gemeinden das Recht gewährleistet sein, alle Angelegenheiten der örtlichen Gemeinschaft im Rahmen der Gesetze **in eigener Verantwortung** zu regeln. Auch die Gemeindeverbände haben im Rahmen ihres gesetzlichen Aufgabenbereiches nach Maßgabe der Gesetze das **Recht der Selbstverwaltung**. Die Gewährleistung der Selbstverwaltung umfasst auch die Grundlagen der **finanziellen Eigenverantwortung**; zu diesen Grundlagen gehört eine den Gemeinden mit **Hebesatzrecht zustehende wirtschaftsbezogene Steuerquelle**.

39 Die Finanzhoheit des Bundes und der Länder ist in Art. 109 Abs. 1 GG normiert. Danach sind sie in ihrer Haushaltswirtschaft selbstständig und unabhängig voneinander.

40 Aus der gemeindlichen **Selbstverwaltungsgarantie** wird die **Finanzhoheit** abgeleitet. In NRW wird die Selbstverwaltungsgarantie (und die gemeindliche Bestandsgarantie) landesrechtlich in den Art. 1 und 78 Abs. 1 und 2 Verf NRW[4] sowie in den §§ 1, 2 GO geregelt:

41 Art. 1 Abs. 1 Verf NRW:
Nordrhein-Westfalen ist ein Gliedstaat der Bundesrepublik Deutschland. Das Land gliedert sich in Gemeinden und Gemeindeverbände.

42 Diese Vorschrift beinhaltet die **Bestandsgarantie** für Gemeinden/GV (ohne allerdings den Bestand jeder konkreten Gemeinde zu garantieren!).

43 Art. 78 Abs. 1 Verf NRW:
Die Gemeinden und Gemeindeverbände sind Gebietskörperschaften mit dem Recht der Selbstverwaltung durch ihre gewählten Organe.

44 Art. 78 Abs. 2 Verf NRW:
Die Gemeinden und Gemeindeverbände sind in ihrem Gebiet die alleinigen Träger der öffentlichen Verwaltung, soweit die Gesetze nichts anderes vorschreiben.

4 Nichtamtliche Abkürzung

§ 1 GO (Wesen der Gemeinden): 45
(1) Die Gemeinden sind die Grundlage des demokratischen Staatsaufbaues. Sie fördern das Wohl der Einwohner in freier Selbstverwaltung durch ihre von der Bürgerschaft gewählten Organe. 46

(2) Die Gemeinden sind Gebietskörperschaften. 47

§ 2 GO (Wirkungskreis): 48
Die Gemeinden sind in ihrem Gebiet, soweit die Gesetze nichts anderes bestimmen, ausschließliche und eigenverantwortliche Träger der öffentlichen Verwaltung.

Aus diesen Normen könnte ein hohes Maß an gemeindlicher, eigenständiger Finanzhoheit hergeleitet werden. Tatsächlich weist das Grundgesetz den Gemeinden das Aufkommen der Grund- und Gewerbesteuern, der örtlichen Verbrauch- und Aufwandsteuern und Anteile an der Einkommen- und Umsatzsteuer zu (s. o.), des Weiteren das Recht, Abgaben zu erheben (vgl. Kapitel 1.2). In Bezug auf das jeweilige Ertragsvolumen ist die Finanzhoheit praktisch eingeschränkt. Der maßgebliche Gestaltungsspielraum wird überwiegend über die Hebesätze der Grundsteuer B, der Gewerbesteuer und im deutlich geringeren Umfang bei den sonstigen Gemeindesteuern umgesetzt. 49

1.2 REGELUNG VON ABGABETATBESTÄNDEN DURCH GEMEINDEN

Die Erhebung von Abgaben erfolgt durch einen Abgabenbescheid, also einen belastenden Verwaltungsakt (vgl. Kapitel 2.4). Voraussetzung hierfür ist eine Ermächtigungsgrundlage, also ein Gesetz oder ähnliche Rechtsnorm. 50
In Selbstverwaltungsangelegenheiten sind die Gemeinden und Gemeindeverbände gemäß § 1 Abs. 1 KAG berechtigt, **Abgaben (Steuern, Gebühren und Beiträge)** zu erheben, sofern nicht Bundes- oder Landesgesetze etwas anderes bestimmen. Nach § 1 Abs. 2 KAG ist Gesetz im Sinne des KAG jede Rechtsnorm.

Nach § 2 Abs. 1 KAG dürfen Abgaben nur aufgrund einer Satzung erhoben werden. Die Satzung muss den Kreis der Abgabeschuldner, den die Abgabe begründenden Tatbestand, den Maßstab und den Satz der Abgabe sowie den Zeitpunkt ihrer Fälligkeit angeben. 51
Diese Vorschrift geht der allgemeinen Regelung des § 7 Abs. 1 GO vor, wonach Gemeinden ihre Angelegenheiten durch Satzung regeln können, sofern Gesetze nichts anderes bestimmen. Die Regelungen des § 7 Abs. 2 sowie 4 bis 7 GO (Bußgeldregelungen, öffentliche Bekanntmachung, Inkrafttreten der Satzung) werden allerdings auch im Kommunalabgabenrecht angewendet.

Beispiele für Satzungen nach dem KAG sind: 52

- Gebührensatzung für das städtische Hallenbad
- Satzung über die Erhebung von Straßenbaubeiträgen
- Satzung über die Erhebung von Straßenreinigungs- und Winterdienstgebühren

- Satzung über die Erhebung der Hundesteuer
- Satzung über die Erhebung der Vergnügungsteuer

53 Nicht nach dem KAG werden Abgaben erhoben in folgenden, beispielhaften Fällen:

- Grundsteuer,
- Gewerbesteuer;
  hier gelten die Bundesgesetze (GrdStG, GewStG) in Verbindung mit dem Gesetz über die Festsetzung und Erhebung der Realsteuern vom 16.12.1981 (GV. NW. 1981 S. 732), wonach die hebeberechtigten Gemeinden für die Festsetzung und Erhebung der Realsteuern zuständig sind. Realsteuern sind nach § 3 Abs. 2 AO die Grundsteuer und die Gewerbesteuer. Weitere Ausführungen erfolgen im Kapitel 4.
  Erschließungsbeiträge: Hier sind die §§ 127–135 BauGB anzuwenden. Näheres zu Erschließungsbeiträgen wird im Kapitel 3.5 erläutert.

1.3 GEMEINDLICHE EINNAHMEQUELLEN

1.3.1 Rangfolge der Finanzmittelbeschaffung

54 Die Gemeinden erzielen ihre Einnahmen aufgrund unterschiedlicher Rechtsvorschriften und auf verschiedene Arten. Haushaltsrechtlich ist § 77 GO zu beachten, in dem die Rangfolge der Finanzmittelbeschaffung festgelegt wird. Nach § 77 Abs. 2 GO sind zunächst

a) **sonstige Finanzmittel** vorrangig vor
b) **speziellen Entgelten** für die von der Gemeinde erbrachten Leistungen (Gebühren, Entgelte und Beiträge) und danach
c) die **Steuern**

in Anspruch zu nehmen.

55 **Kredite** sind nach § 77 Abs. 3 GO nur zulässig, wenn eine andere Finanzierung nicht möglich oder unzweckmäßig wäre.

56 Der Nachrang (= die Subsidiarität) der Steuererhebung wird abgabenrechtlich im Grundsatz bestätigt. Nach § 3 Abs. 2 KAG sollen die Gemeinden und Kreise Steuern nur erheben, soweit die Deckung der Ausgaben durch andere Einnahmen, insbesondere durch Gebühren und Beiträge, nicht in Betracht kommt. Dies gilt allerdings nicht für die Erhebung der Vergnügungsteuer und der Hundesteuer.

57 Negativ abgegrenzt zählen alle Einnahmen, die keine Gebühren, gebührenähnliche Entgelte, Beiträge, Steuern oder Kredite sind, zu den sonstigen Finanzmitteln.

1.3.2 Öffentlich-rechtliche und privatrechtliche Einnahmen

Die gemeindlichen Finanzmittel können 58

- privatrechtlicher Natur sein oder
- auf öffentlich-rechtlicher Basis erhoben werden.

Für die privatrechtlichen Finanzmittel sind die Vorschriften des BGB einschlägig. Zu diesen 59
Einnahmen zählen u. a.:

- Mieten und Pachten; hier vermietet die Gemeinde Räume zu verschiedenen Zwecken oder verpachtet Grundstücke, z. B. zur gärtnerischen oder landwirtschaftlichen Nutzung;
- Verkaufserlöse, z. B. aus der Veräußerung von Grundstücken (insbesondere zu Wohn- und Gewerbezwecken), nicht mehr benötigten Gebäuden (z. B. einer nicht mehr genutzten Schule) oder von Betriebs- und Geschäftsausstattung, teilweise aufgrund von Ersatzbeschaffungen (z. B. von Fahrzeugen oder Computern). Daneben werden z. B. Stadtpläne, Stammbücher, Bildbände oder andere Werbeartikel verkauft;
- Schadenersatzleistungen von Versicherungen;
- Gewinnanteile von städtischen Tochterunternehmen;
- Eintrittsgelder auf privatrechtlicher Basis;
- Kredite (für Investitionen bzw. zur Umschuldung sowie zur Sicherstellung der Liquidität).

Die öffentlich-rechtlichen Einnahmen können unterschieden werden in 60

- öffentlich-rechtliche Abgaben oder
- sonstige öffentlich-rechtliche Einnahmen.

Steuern, Gebühren und Beiträge (vgl. § 1 Abs. 1 KAG) sind öffentlich-rechtliche Abgaben.[5] 61

Zu den sonstigen öffentlich-rechtlichen Einnahmen gehören u. a.: 62

- Finanzzuweisungen (z. B. Schlüsselzuweisungen, Bedarfszuweisungen, zweckgebundene Zuweisungen); diese Zuwendungen werden seitens des Bundes oder Landes mit oder ohne Zweckbestimmung gezahlt;
- Umlagen (z. B. Kreisumlage, Landschaftsumlage[6], Umlage des Regionalverbandes Ruhr, Umlagen an Zweckverbände); diese werden von Umlageverbänden nach den jeweiligen Ermächtigungsgrundlagen erhoben[7];

---

[5] Insoweit ist die gelegentlich wahrzunehmende Formulierung „Steuern und Abgaben" irreführend, da Steuern Abgaben sind.

[6] Die Landschaftsumlage wird nach § 22 LVerbO von den Landschaftsverbänden erhoben. Hier wäre aus Sicht des Autors die Bezeichnung „Landschaftsverbandsumlage" sinnvoller, da diese zur Deckung nicht anderweitig gedeckter Aufwendungen der Landschaftsverbände Rheinland und Westfalen-Lippe dient und nicht der (Teil-)finanzierung der Landschaft.

[7] Vgl. § 56 KrO, § 22 LVerbO, § 19 RVRG, § 19 GkG

- Steuerbeteiligungen (an der Einkommensteuer und der Umsatzsteuer);
- Kostenersätze und Kostenbeiträge;
- Verwarn-, Buß- oder Zwangsgelder;
- Konzessionsabgaben (zur Nutzung des öffentlichen Straßen- und Wegenetzes für Strom-, Gas- oder Wasserleitungen).

63 Betrachtet man die Anteile der unterschiedlichen Einnahmen an den Gesamthaushalten, so wird deutlich, dass die Gemeinden zu einem hohen Anteil durch Steuern (hier i. d. R.: Gewerbesteuer) und Steuerbeteiligungen, insbesondere an der Einkommensteuer, finanziert werden, wohingegen die Kreise und Landschaftsverbände in hohem Umfang, auch aufgrund fehlender eigener Steuern, Umlagen von den zahlungspflichtigen Körperschaften erhalten.

64 Wir betrachten zunächst die öffentlich-rechtlichen Abgaben im Allgemeinen.

Steuern:

65 Der Begriff der Steuer ist in § 3 Abs. 1 AO definiert. Danach sind Steuern Geldleistungen, die nicht eine Gegenleistung für eine besondere Leistung darstellen und von einem öffentlich-rechtlichen Gemeinwesen zur Erzielung von Einnahmen allen auferlegt werden, bei denen der Tatbestand zutrifft, an den das Gesetz die Leistungspflicht knüpft; die Erzielung von Einnahmen kann Nebenzweck sein. Zölle und Abschöpfungen sind Steuern im Sinne dieses Gesetzes.

66 Tatbestandsmerkmale des § 3 Abs. 1 AO sind:

a) Geldleistung
b) keine Gegenleistung
c) öffentlich-rechtliches Gemeinwesen
d) Zwang
e) Erzielung von Einnahmen
f) Leistungspflicht normativ (durch Gesetz) verankert

67 Zu a): Eine Geldleistung stellt eine finanzielle Belastung des Steuerpflichtigen unabhängig vom Finanztransfer (z. B. durch Überweisung, Scheckübergabe, Bargeld) dar.

68 Zu b): Der Steuerpflichtige erhält keine besondere Leistung mit direktem persönlichem Vorteil, d. h., es besteht kein Anspruch auf eine bestimmte staatliche/gemeindliche Leistung, auch nicht aus sogenannten Zwecksteuern (z. B. aus der Kraftfahrzeugsteuer).

69 Zu c): Steuern dürfen nur durch Gebietskörperschaften des öffentlichen Rechts (Bund, Länder, Kreise und Gemeinden) erhoben werden; Ausnahme: evangelische und katholische Kirchen (Sonderregelung in Art. 140 GG i. V. m. Art. 137 der Weimarer Reichsverfassung: Kirchen haben das Recht der Steuererhebung nach Landesrecht über staatliche Behörden; in NRW erheben die Finanzämter die Kirchensteuer und leiten diese weiter). Keine Steuern, wohl aber Zwangseinnahmen dürfen erheben: Anstalten (z. B. Rundfunkanstalten),

Kammern (= Personenkörperschaften, z. B. Ärztekammern, Industrie- und Handelskammern, Handwerkskammern).

Zu d): Zwang ist ein einseitiger Hoheitsakt, somit ein belastender VA ohne maßgebliche Mitwirkung oder Zustimmung des Steuerpflichtigen. 70

Zu e): Die Erzielung von Einnahmen (auch als Nebenzweck) verfolgt unterschiedliche Zielrichtungen: 71

- Finanzierung der öffentlichen Haushalte
- Protektionismus (= Schutz der inländischen/innereuropäischen Wirtschaft vor ausländischer/außereuropäischer Konkurrenz durch Erhebung von Zöllen)
- Konsumlenkung (z. B. Tabaksteuer)
- quantitative Beschränkung (Hundesteuer)

Zu f): Folgende Voraussetzungen müssen vorliegen: 72

- Die Steuerpflicht muss durch materielles Recht (z. B. Gesetz, kommunale Satzung) begründet sein.
- Der Steuergegenstand ist hinreichend bestimmt und zu anderen deutlich abgegrenzt.
- Der Grundsatz der Gleichmäßigkeit der Besteuerung muss beachtet werden.
- Der Steuerpflichtige soll gerecht belastet werden.

Im Steuerrecht sind die nachfolgenden Besteuerungsgrundsätze zu beachten: 73

- Gleichheitsgrundsatz: Art. 3 Abs. 1 GG gilt auch für das Besteuerungsverfahren. Gleiches muss gleich, wesentlich Ungleiches darf nicht gleich behandelt werden (die Beachtung erfolgt auf zwei Ebenen: 1. bei der Gesetzgebung; 2. im Rahmen der Anwendung der Rechtsvorschriften).
- Besteuerung nach der wirtschaftlichen Leistungsfähigkeit: keine „Erdrosselung", die angemessene Wirtschafts- und Lebensführung darf nicht unzumutbar beeinträchtigt werden; die individuelle Situation wird z. T. berücksichtigt (ja: z. B. bei der Einkommensteuer, nein: z. B. bei der Umsatzsteuer oder Mineralölsteuer).
- Steuergerechtigkeit: Die Besteuerung soll entsprechend dem Leistungsvermögen erfolgen.
- Voraussehbarkeit der Besteuerung: Es gilt das Rückwirkungsverbot (als Element des Rechtsstaatsprinzips); die Besteuerung muss vorhersehbar und kalkulierbar sein.

Ausnahmen vom Rückwirkungsverbot: 74

- Erhöhung der Realsteuerhebesätze: mit Ratsbeschluss bis zum 30.06. vom Beginn des Kalenderjahres (§ 16 Abs. 3 GewStG, § 25 Abs. 3 GrStG) möglich.
- Mit Rückwirkung ist zu rechnen, z. B. bei Aufhebung einer nichtigen Hundesteuersatzung und Erlass einer neuen Satzung rückwirkend bis zum Zeitpunkt der nichtigen Satzung.

- Grundsatz der Bedarfsdeckung: Die Einnahmen aus Steuern sollen zur (mittel- und längerfristigen) Deckung des Finanzbedarfs dienen. Die Überfinanzierung ist nicht zulässig.
- Einfache und wirksame Besteuerung: Das Steuersystem muss überschaubar und leicht zu handhaben sein.

Gebühren:

75 Gebühren sind gemäß § 4 Abs. 2 KAG Geldleistungen, die als Gegenleistung für eine besondere Leistung – Amtshandlung oder sonstige Tätigkeit – der Verwaltung **(Verwaltungsgebühren)** oder für die Inanspruchnahme öffentlicher Einrichtungen und Anlagen **(Benutzungsgebühren)** erhoben werden.

Beiträge:

76 Beiträge sind gemäß § 8 Abs. 2 KAG Geldleistungen, die dem Ersatz des Aufwandes für die Herstellung, Anschaffung und Erweiterung öffentlicher Einrichtungen und Anlagen im Sinne des § 4 Abs. 2, bei Straßen, Wegen und Plätzen auch für deren Verbesserung, jedoch ohne die laufende Unterhaltung und Instandsetzung, dienen. Sie werden von den Grundstückseigentümern als Gegenleistung dafür erhoben, dass ihnen durch die Möglichkeit der Inanspruchnahme der Einrichtungen und Anlagen wirtschaftliche Vorteile geboten werden.

77 Weitere Ausführungen zu Gebühren und Beiträgen erfolgen in Kapitel 3.

2. Verfahren zur Erhebung von Abgaben

2.1 GRUNDBEGRIFFE DES ABGABENVERFAHRENS

Das **Ziel** des Abgabenverfahrens besteht in der Geltendmachung von Ansprüchen, die mit der Tatbestandsverwirklichung entstehen (§ 38 AO i. V. m. § 12 Abs. 1 Ziff. 2 lit. b KAG). Hierzu bedarf es des **Abgabenverwaltungsrechts**. Dieses ergänzt die Bestimmungen des Abgabenschuldrechts (= die Rechtsvorschriften über die Entstehung und die materiell-rechtliche Ausgestaltung der Abgabenansprüche). 78

Bundesgesetzlich ist das Abgabenverfahren in der Abgabenordnung (AO) geregelt. Nach § 1 Abs. 3 KAG gelten die Bestimmungen der §§ 12 bis 22a entsprechend auch für Steuern, Gebühren, Beiträge und sonstige Abgaben, die von den Gemeinden und Gemeindeverbänden aufgrund anderer Gesetze erhoben werden, soweit diese keine Bestimmung treffen. Unter anderem ist in § 12 KAG bestimmt, welche Vorschriften der AO für Kommunalabgaben entsprechend anzuwenden sind. 79

Durch diese Regelungen wird ein **einheitliches Abgabenverfahren** für sämtliche Kommunalabgaben gewährleistet. 80

Im Rahmen des Abgabenverfahrens sind verschiedene **Verfahrensgrundsätze** zu beachten. Diese sind im vierten Abschnitt der AO (§§ 78 bis 117c AO) enthalten und in folgende fünf Unterabschnitte aufgeteilt: 81

1. Beteiligung am Verfahren, §§ 78 bis 81 AO
2. Ausschließung und Ablehnung von Amtsträgern und anderen Personen, §§ 82 bis 84 AO
3. Besteuerungsgrundsätze, Beweismittel, §§ 85 bis 107 AO
4. Fristen, Termine, Wiedereinsetzung, §§ 108 bis 110 AO
5. Rechts- und Amtshilfe, §§ 111 bis 117 AO

Beispiel:

Verfahrensbeteiligte sind Antragsteller und Antragsgegner, Empfänger eines Verwaltungsaktes oder Personen, mit denen die Behörde einen öffentlich-rechtlichen Vertrag geschlossen hat oder schließen wird. Dieses können z. B. Steuerpflichtige (§ 33 AO), Steuerschuldner (§ 10 GrStG, § 5 GewStG), Hundehalter (aufgrund der Hundesteuersatzung) oder Erben (für Friedhofsgebühren nach kommunaler Satzung) sein. 82

Es wird darauf hingewiesen, dass § 12 Abs. 1 S. 1 Nr. 3 lit. b KAG die analoge Anwendung der Verfahrensgrundsätze der AO teilweise einschränkt. 83

84 Fazit: Durch das Abgabenverfahren ist gewährleistet, dass die Abgabe

- seitens der zuständigen Behörde,
- aufgrund der jeweiligen Rechtsvorschriften,
- einheitlich und rechtlich einwandfrei,
- von den Abgabepflichtigen erhoben wird.

2.2 ABGABENVERFAHRENSWEGE

85 Im Abgabenrecht unterscheidet man zwischen zwei Verfahrenswegen:

- Veranlagungs- oder Festsetzungsabgaben und
- Fälligkeitsabgaben.

86 Bei den **Veranlagungs- oder Festsetzungsabgaben** muss der abstrakte Abgabenanspruch (lt. Gesetz oder Satzung, also der Tatbestand) konkretisiert werden nach dem Anspruchsgrund, der Höhe der Abgabenschuld, dem Abgabenschuldner, ggf. dem Haftenden. Hierzu sind folgende Schritte erforderlich:

a) Ermittlung des abgaberelevanten Sachverhalts
b) Feststellung der Bemessungsgrundlage der Abgabe
c) Person des Schuldners

87 Die Festsetzung der Abgabe erfolgt durch Bescheid (= belastender Verwaltungsakt, z. B. auf Zahlung eines bestimmten Betrages gerichtet).

88 Der Festsetzungsbescheid bildet die Grundlage für die Verwirklichung des Anspruchs, der ggf. im Verwaltungszwangsverfahren (durch einen weiteren Verwaltungsakt!) beigetrieben werden kann.

89 Bei **Fälligkeitsabgaben** entsteht die Zahlungsverpflichtung ohne besondere Festsetzung, sondern mit der Verwirklichung des gesetzlichen/satzungsmäßigen Tatbestandes. Die Beitreibung der Forderung im Zwangsverfahren ist auch hier (theoretisch) möglich, aber praktisch nicht relevant, da z. B. demjenigen, der sich weigert, die Benutzungsgebühr für das Hallenbad zu zahlen, der Zutritt zur Einrichtung verweigert wird.

90 Aus dieser Systematik können die einzelnen, nachfolgend dargestellten **Phasen des Abgabenverfahrens** hergeleitet werden:

91 a) Das **Ermittlungsverfahren**; dieses dient der Feststellung der Besteuerungs- bzw. Abgabenerhebungsgrundlagen.

b) Das **Festsetzungs- bzw. Feststellungsverfahren**; dieses ist auf den Erlass des Festsetzungsbescheides, Haftungs- oder Duldungsbescheides zur Begründung der Abgabenpflicht, der Haftung oder Duldung gerichtet. 92

c) Das **Erhebungsverfahren** zur Einziehung der Abgabenschuld oder Verwirklichung des Haftungs- oder Duldungsanspruchs. 93

d) Ggf. das **Vollstreckungsverfahren** zur zwangsweisen Beitreibung der Abgabenschuld. 94

Beispiele für Veranlagungs- oder Festsetzungsabgaben sind die Grundsteuer, die Hundesteuer, die Vergnügungsteuer, der Kostenbeitrag für eine Kindertagesstätte nach dem Kinderbildungsgesetz (KiBiz), die Baugenehmigungsgebühr (= Verwaltungsgebühr), die Gewerbesteuer oder (auf Landesebene) die Einkommensteuer. Das Verfahren verläuft (vereinfacht) folgendermaßen: 95

96

Abgabeart	**Abstrakter Abgabenanspruch**	**Konkretisierung**
Grundsteuer B	Besteuerung eines Grundstücks	• Feststellung des Grundstückseigentümers • Ermittlung des individuellen Grundstückswerts (Einheitswert) • Berechnung des Steuermessbetrages • Berechnung und Festsetzung der Jahresgrundsteuer
Hundesteuer	Halten von Hunden	• Feststellung des Hundehalters oder Mitteilung seitens des Hundehalters • Mitteilung über die Anzahl der Hunde • ggf. Mitteilung über besondere Rassen („gefährliche Hunde", „Kampfhunde") • Berechnung und Festsetzung der Hundesteuer
Vergnügungsteuer	Aufstellen von Spielapparaten	• Mitteilung der Anzahl der Spielgeräte und des Spielumsatzes bzw. Einspielergebnisses durch den Steuerpflichtigen • Berechnung und Festsetzung der Vergnügungsteuer
Kostenbeitrag nach KiBiz	Betreuung von Kindern	• Mitteilung der Erziehungsberechtigten und der Anzahl bzw. des Alters der betreuten Kinder • Erklärung der Einkünfte der Erziehungsberechtigten • Berechnung und Festsetzung des Kostenbeitrages

Baugenehmigungs-gebühr	Genehmigung/ Versagung eines Antrags auf Errichtung einer baulichen Anlage	• Einreichung aller relevanten Unterlagen durch den Bauherrn oder Architekten • Prüfung der baurechtlichen Zulässigkeit • Erteilung/Versagung der Baugenehmigung • Berechnung und Festsetzung der Verwaltungsgebühr
Gewerbesteuer	Erzielung von Einkünften aus Gewerbebetrieb	• Mitteilung über die Einkünfte und abzuziehende Aufwendungen • Ermittlung des Gewinns, des Gewerbeertrages und des Steuermessbetrages • Berechnung und Festsetzung der Jahresgewerbesteuer
Einkommensteuer	Erzielung von Einkünften aus nichtselbstständiger oder selbstständiger Tätigkeit	• Mitteilung über die Einkünfte und abzuziehende Aufwendungen • Berechnung und Festsetzung der Einkommensteuer

97 Beispiele für Fälligkeitsabgaben sind der Besuch des Museums, des Hallenbades oder des Theaters sowie die Erstellung eines Personalausweises oder Reisepasses. Hier werden die Abgaben unmittelbar vor der Nutzung der Einrichtung entrichtet, ggf. ermäßigt, sofern die Voraussetzungen vorliegen (z. B. bei Kindern, Jugendlichen, Leistungsberechtigten nach SGB II oder SGB XII, Rentnern). Die Abgabe wird nicht durch Verwaltungsakt festgesetzt. Ein Rechtsbehelf ist aber auch hier grundsätzlich möglich.

2.3 ERMITTLUNG VON DATEN ZUR FESTSETZUNG

Aus dem Grundsatz der Gesetzmäßigkeit und Gleichmäßigkeit der Abgabenerhebung (§ 85 AO) folgt, dass die Abgabebehörde den abgabenrechtlichen Sachverhalt ermitteln muss (Untersuchungsgrundsatz, § 88 Abs. 1 S. 1 AO; hier besteht kein Entschließungsermessen, sondern eine Verpflichtung kraft Gesetzes). Hierzu zählt insbesondere die Feststellung der tatsächlichen und rechtlichen Verhältnisse, die für die Abgabenpflicht und -bemessung relevant sind. Auch günstige Umstände für den Abgabepflichtigen sind zu berücksichtigen, vgl. § 88 Abs. 2 AO. Zu beachten ist aber, dass die Behörde Auswahlermessen hat. Nach § 88 Abs. 1 S. 2 AO bestimmt die Behörde Art und Umfang der Ermittlungen. Nur eingeschränkt möglich ist die Sammlung und Verwendung geschützter Daten nach § 30 AO (Steuergeheimnis), soweit dies zu einer gleichmäßigen Festsetzung und Erhebung der Steuern erforderlich ist, § 88a AO. 98

Zu beachten ist, dass die Behörde gemäß § 89 AO eine Beratungs- und Auskunftspflicht hat. Fragen der Abgabepflichtigen im Rahmen des Abgabenverfahrens müssen im Regelfall beantwortet werden, ein ausschließlicher Verweis z. B. an Rechtsanwälte oder Steuerberater ist nicht zulässig. 99

Daneben sind die Beteiligten zur Mitwirkung verpflichtet. Gemäß § 90 AO besteht diese Pflicht kraft Gesetzes. Beispielsweise muss der Hundehalter unaufgefordert die Anzahl und ggf. Rassen seiner Hunde mitteilen oder der Gewerbe- oder Einkommensteuerpflichtige seine Einkünfte, Werbungskosten etc. 100

Nach § 91 AO müssen Beteiligte gehört werden (vgl. Rechtsstaatsprinzip, Art. 20 Abs. 3 GG; Anspruch auf rechtliches Gehör, Art. 103 Abs. 1 GG). Dieser Grundsatz gilt auch im Abgabenrecht, auch wenn vor Erlass des Festsetzungsbescheides im Regelfall kein gesondertes Anhörungsverfahren erfolgt, sondern die abgabenrelevanten Grundlagen innerhalb des Ermittlungsverfahrens geprüft und ggf. erörtert werden. 101

Die Behörde kann gemäß § 92 AO Beweismittel nach Ermessen einholen. Dieses können z. B. Einkommensnachweise oder andere Belege sein. 102

Zu den Pflichten des Beteiligten gehören:
a) die Auskunftspflicht,
b) die Anzeigepflicht,
c) die Aufzeichnungspflicht und
d) die Duldungspflicht.

Im Rahmen der Auskunftspflicht ist nach § 93 AO die Angabe von Tatsachen verpflichtend, die zur Beurteilung des abgaberechtlichen Sachverhaltes erforderlich sind. Sofern die Behörde Zweifel an der Sachverhaltsdarstellung hat, kann sie z. B. nach § 96 AO Sachverständige hinzuziehen. Insoweit gelten die Auskunfts- und Vorlageverweigerungsrechte der §§ 101 bis 103 AO nicht. 103

104 Die Anzeigepflicht umfasst die Mitteilung über Sachverhalte, die eine Abgabenpflicht auslösen, z. B. Wechsel des Grundstückseigentümers (§ 19 GrStG), Nennung der Personenzahl im Haushalt (für Abfall- oder Abwassergebühren), Angabe der Anzahl von Spielgeräten sowie deren Spielumsatz/Einspielergebnis (Vergnügungsteuer), Angabe der versiegelten Flächen eines Grundstücks (Niederschlagswassergebühr als Teil der Abwassergebühr), Anmeldung eines Hundes (Hundesteuer) oder die Steuererklärungspflicht (§ 149 AO, § 14a GewStG).

105 Aufgrund der Aufzeichnungspflicht kann die Vorlage von Urkunden (Bücher, Aufzeichnungen, Quittungen, Rechnungen, Geschäftspapiere, andere Urkunden) gefordert werden, § 97 AO. Es wird darauf hingewiesen, dass nach 140 AO i. V. m. § 12 Abs. 1 Nr. 4 lit. a KAG Buchführungs- und Aufzeichnungspflichten nach anderen Gesetzen (z. B. HGB), die für die Besteuerung von Bedeutung sind, auch im kommunalen Abgabenrecht gelten.

106 Typische Duldungspflichten sind z. B. die Duldung der Anbringung von Messgeräten (Wasseruhren, Wärmemessgeräte) und deren Ablesung durch Beauftragte oder das Betreten von Grundstücken und Wohnräumen durch Amtsträger oder Sachverständige (§ 99 AO).

107 Kommt der Abgabenschuldner seinen Verpflichtungen nicht nach und kann die Behörde den abgabenrechtlichen Sachverhalt nicht abschließend ermitteln, ist nach § 162 AO i. V. m. § 12 Abs. 1 Nr. 4 lit. b KAG die Schätzung zulässig. Diese Möglichkeit fußt auf dem Gedanken der Abgabengerechtigkeit, also der Ausprägung des Gleichheitssatzes im Abgabenrecht, da es nicht akzeptiert werden kann, dass Abgabenschuldner sich der Zahlungspflicht durch Verweigerung der Mitwirkung entziehen.

108 Schätzen ist das Ermitteln von Fakten durch Wahrscheinlichkeitsschluss. Hierbei ist zu beachten, dass die Besteuerungsgrundlagen (= die tatsächlichen und rechtlichen Verhältnisse, die für die Steuerpflicht und für die Bemessung der Steuer maßgebend sind) geschätzt werden, nicht die Abgabe selbst. Schätzen ist im Übrigen das letzte Mittel, um die Abgabe berechnen zu können.

109 Beispiele für zu schätzende Besteuerungsgrundlagen sind die Anzahl der Hunde oder die Höhe des steuerpflichtigen Gewinns, aber nicht die Höhe der Hundesteuer oder der Gewerbesteuer.

Fall:

110 Ein anonymer Anrufer teilt mit, dass Max Meier, wohnhaft in S., Hauptstraße 40, mehrere Hunde hält. Das Steueramt der Stadt S. stellt fest, dass Herr Meier bis vor zwei Jahren drei Hunde besaß und diese aber nach damals eigenen Angaben wegen einer Tierhaarallergie abgeben musste. Der Sachbearbeiter fühlt sich von Herrn Meier getäuscht, schätzt den Hundebestand auf drei Hunde, berechnet die Hundesteuer und versendet den Bescheid. Herr Meier legt Widerspruch gegen den Hundesteuerbescheid ein.

111 Fragen:

1. Was hat der Sachbearbeiter nicht beachtet?
2. Wogegen hat Herr Meier verstoßen?

Lösung (in Kurzform):

Zu 1.: Der Sachbearbeiter hat den Sachverhalt nicht ermittelt. Er hätte Herrn Meier anhören bzw. auffordern müssen, seiner Mitteilungspflicht (Auskunfts- bzw. Anzeigepflicht) nachzukommen. Darüber hinaus können Amtsträger oder Beauftragte möglicherweise das Grundstück bzw. die Wohnung[8] betreten, um die Anzahl der Hunde festzustellen. Erst im Fall der fehlenden Mitwirkung von Herrn Meier und mangels anderer Feststellungen ist der Sachbearbeiter berechtigt, die Anzahl der Hunde zu schätzen. 112

Zu 2.: Herr Meier ist u. a. nach der örtlichen Hundesteuersatzung verpflichtet, die Anzahl der Hunde, ggf. deren Rassen, die gehalten werden, mitzuteilen, ebenso die Beendigung der Hundehaltung (z. B. durch Tod, Verkauf oder Verschenken des Hundes). Sollte er also wieder einen oder mehrere Hunde besitzen, hätte er dieses der Stadt S. mitteilen müssen. 113

2.4 FESTSETZUNG VON ABGABEN – ABGABENBESCHEIDE

Nach Abschluss des Ermittlungsverfahrens werden die Abgaben durch Bescheid festgesetzt. Die Schriftform ist nach § 155 AO i. V. m. § 12 Abs. 1 Nr. 4 lit. b KAG vorgeschrieben. Die Definition des Verwaltungsaktes (im Abgabenrecht: § 118 AO i. V. m. § 12 Abs. 1 Nr. 3 lit. b KAG) stimmt inhaltlich mit § 35 VwVfG überein. Nach § 155 Abs. 3 AO i. V. m. § 12 Abs. 1 Nr. 4 lit. b KAG sind zusammengefasste Bescheide an Gesamtschuldner möglich. Der Bescheid stellt einen belastenden Verwaltungsakt dar und ist die rechtliche Grundlage für die Verwirklichung von Ansprüchen aus dem Abgabenverhältnis, § 218 Abs. 1 AO i. V. m. § 12 Abs. 1 Nr. 5 lit. a KAG. 114

Wesentliche Inhalte eines Abgabenbescheides sind: 115

- Briefkopf (erlassende Behörde, Facheinheit, Ansprechpartner/in),
- Adressat (= Abgabenpflichtige/r),
- Datum des Bescheides,
- Überschrift (Art der Abgabe),
- Kassenzeichen (wichtig für Überweisungen bzw. Lastschriften),
- Bemessungsgrundlage (z. B. Anzahl der Hunde, Anzahl und Art der Abfallbehälter, Wasserverbrauch nach cbm, versiegelte Fläche),
- Hebesatz (bei der Grundsteuer oder Gewerbesteuer), Steuersatz (z. B. bei der Hundesteuer), Gebührensatz (z. B. bei der Abfall- oder Abwassergebühr),
- Höhe der zu zahlenden Abgabe (Produkt aus Bemessungsgrundlage und Abgabensatz),
- Erhebungs- bzw. Bezugszeitraum (z. B. das aktuelle Jahr oder Nachzahlung für das Vorjahr),
- Fälligkeiten der Zahlungen,
- Angabe der Rechtsgrundlagen und ggf. ergänzende Erläuterungen,
- Rechtsbehelfsbelehrung und
- die Bankverbindung(-en) der Behörde.

[8] Hierbei ist zu beachten, dass über die AO und die örtliche Satzung Art. 13 GG – Unverletzlichkeit der Wohnung – der Zutritt eingeschränkt wird.

116 Praktischer Hinweis: Schauen Sie sich verschiedene Bescheide z. B. zur Hundesteuer, Grundbesitzabgaben oder Vergnügungsteuer an und überprüfen diese anhand der jeweiligen Rechtsnormen (z. B. GrdStG, Satzungen) und der obigen Inhaltsangabe auf Vollständigkeit und Richtigkeit.

117 Während der Abgabenbescheid Rechtswirkung nach außen entfaltet, ist es zur Verfolgung der Ansprüche verwaltungsintern erforderlich, dass die Forderungen schnellstmöglich gebucht werden. Gemäß § 23 Abs. 4 GemHVO ist durch geeignete Maßnahmen sicherzustellen, dass Ansprüche der Gemeinde vollständig erfasst, rechtzeitig geltend gemacht und eingezogen werden. Die Buchungen erfolgen entweder automatisiert über eine entsprechende Fachsoftware oder manuell durch die Erstellung von Annahmeanordnungen oder gleichartigen Kontierungsbelegen und anschließender Buchung durch die Finanzbuchhaltung. Unterlassene oder verspätete Buchungen führen dazu, dass Einzahlungen nicht oder nur mit erhöhtem Verwaltungsaufwand zugeordnet werden können. Darüber hinaus ist die gebuchte Forderung die (praktische) Grundlage für das Mahn- und Vollstreckungsverfahren, sofern der Abgabenschuldner seiner Zahlungsverpflichtung nicht nachkommt.

2.5 SONDERMASSNAHMEN DER ERHEBUNG

118 Grundlage für die Verwirklichung von Ansprüchen ist der Abgabenbescheid, vgl. § 218 Abs. 1 AO. Die festgesetzten Abgaben sind zu den angegebenen bzw. vorgeschriebenen Fälligkeitsterminen zu entrichten, § 220 Abs. 1 AO.

119 Es kommt jedoch vor, dass der Schuldner die Abgabe nicht entrichten kann. Beispiele hierfür können sein:

- Es wird eine hohe Gewerbesteuernachzahlung festgesetzt, die nicht in einer Summe beglichen werden kann.
- Der Schuldner ist arbeitslos geworden und nicht in der Lage, die Abgabenschuld zu zahlen.

120 In derartigen Fällen kann ein Antrag auf Stundung der Abgabe gestellt werden. Nach § 222 AO können die Finanzbehörden[9] Ansprüche aus dem Steuerschuldverhältnis ganz oder teilweise stunden, wenn die Einziehung bei Fälligkeit eine erhebliche Härte für den Schuldner bedeuten würde und der Anspruch durch die Stundung nicht gefährdet erscheint. Die Stundung soll in der Regel nur auf Antrag und gegen Sicherheitsleistung gewährt werden.

121 Bei einer Stundung werden die Fälligkeiten verändert, d. h., in die Zukunft hinausgeschoben, die eigentliche Abgabenforderung bleibt aber buchhalterisch unverändert bestehen.

[9] Und ebenso Gemeinden und Gemeindeverbände gemäß § 12 Abs. 1 Nr. 3 lit. b KAG sowie § 26 Abs. 1 GemHVO

Sofern Stundungsanträge genehmigt werden, werden Stundungszinsen gesondert erhoben, vgl. § 234 AO. Ein vollständiger oder teilweiser Verzicht ist eventuell nach § 234 Abs. 2 AO möglich. Die Stundungszinsen werden durch Verwaltungsakt festgesetzt, in der Praxis vielfach zusammen mit dem Stundungsbescheid. Die Höhe der Stundungszinsen beträgt 0,5 % pro Monat, also 6 % pro Jahr, vgl. § 238 AO. 122

Sofern die Verwirklichung des Abgabenanspruchs nicht möglich ist, darf die Forderung befristet oder unbefristet niedergeschlagen werden. Bei der Niederschlagung gemäß § 261 AO (i. V. m. § 12 Abs. 1 Nr. 6 lit. b KAG sowie § 26 Abs. 2 GemHVO) handelt es sich nur um eine verwaltungsinterne Maßnahme; sie verhindert nicht das Entstehen von Säumniszuschlägen. Deren Höhe beträgt 1 % monatlich auf den abgerundeten, rückständigen Steuerbetrag, somit 12 % pro Jahr, vgl. § 240 AO. 123

Eine weitere Maßnahme ist der teilweise oder vollständige Erlass von Forderungen (§ 227 AO i. V. m. § 12 Abs. 1 Nr. 5 lit. a KAG, § 26 Abs. 3 GemHVO). Der Erlass hat Außenwirkung und führt zu einem Verzicht der Behörde auf die Erhebung der Abgabenschuld. Nach § 227 AO muss die Einziehung der Abgabe für den Schuldner nach Lage des Einzelfalles unbillig sein; gemäß § 26 Abs. 3 GemHVO muss sie eine besondere Härte bedeuten. 124

Beispiel: Die 85-jährige Rentnerin R. verfügt über ein Hausgrundstück. Aufgrund einer angrenzenden Neubaumaßnahme erhebt die Stadt Erschließungsbeiträge, darunter von R. 10.000 €. Wegen der geringen Rente werden ihr die Beiträge gestundet, sodass sie monatlich 250 € an Erschließungsbeiträgen entrichtet. Zusätzlich wären Stundungszinsen zu erheben, auf deren Festsetzung wegen der Besonderheit des Einzelfalles aber nach Prüfung der Einkommens- und Vermögensverhältnisse verzichtet wird. 125

Unabhängig von den vorgenannten Maßnahmen können Verspätungszuschläge gemäß § 152 AO gefordert werden. Diese richten sich gegen denjenigen, der seiner Verpflichtung zur Abgabe einer Steuererklärung nicht (fristgemäß) nachkommt; die Erhebung ist ins Ermessen der Behörde gestellt. 126

3. Spezielle Entgelte der Gemeinden

3.1 FORMELLE UND MATERIELLE RECHTSGRUNDLAGEN

127 Formelle Rechtsgrundlagen beinhalten u. a. Regelungen zur Zuständigkeit oder zum Verfahren (z. B. die AO, vgl. Kapitel 2, in Selbstverwaltungsangelegenheiten des Kommunalabgabenrechts i. V. m. § 12 KAG). Zu den formellen Rechtsgrundlagen gehört, dass Abgaben nur aufgrund einer Satzung erhoben werden dürfen, vgl. § 2 Abs. 1 KAG, oder dass die Gemeinden und Gemeindeverbände berechtigt sind, nach Maßgabe dieses Gesetzes – also des KAG – Abgaben (Steuern, Gebühren und Beiträge) zu erheben, soweit nicht Bundes- oder Landesgesetze etwas anderes bestimmen. Materiell-rechtlich beinhaltet z. B. eine Abgabensatzung Regelungen zum Kreis der Abgabenschuldner, den die Abgabe begründenden Tatbestand, den Maßstab und den Satz der Abgabe sowie den Zeitpunkt ihrer Fälligkeit, vgl. § 2 Abs. 1 Satz 2 KAG.

128 Die Rechtsgrundlagen für spezielle Entgelte sind vielfältig. Bevor diese näher beschrieben werden, ist die Frage zu klären, was spezielle Entgelte sind.

129 Haushaltsrechtlich sind spezielle Entgelte im Regelfall vorrangig vor den Steuern zu erheben. Nach § 77 Abs. 2 und 3 GO hat die Gemeinde die zur Erfüllung ihrer Aufgaben erforderlichen Finanzmittel

1. aus sonstigen Finanzmitteln,
2. soweit vertretbar und geboten aus speziellen Entgelten für die von ihr erbrachten Leistungen,
3. im Übrigen aus Steuern zu beschaffen.
4. Kredite dürfen nur aufgenommen werden, wenn eine andere Finanzierung nicht möglich ist oder wirtschaftlich unzweckmäßig wäre.

130 Kennzeichnend für spezielle Entgelte ist also, dass – im Unterschied zu Steuern – eine direkte Gegenleistung seitens der Gemeinde erbracht wird.

131 Zu den speziellen Entgelten gehören:

- Gebühren (Verwaltungsgebühren, Benutzungsgebühren),
- privatrechtliche Leistungsentgelte, die anstelle einer Gebühr gefordert werden können, und
- Beiträge (z. B. Erschließungsbeiträge, Straßenbaubeiträge, Kurbeiträge; nicht zu verwechseln mit: Sozialversicherungsbeiträgen oder Mitgliedsbeiträgen in Vereinen).

132 Im Folgenden werden die Gebühren und privatrechtlichen Leistungsentgelte näher betrachtet, die Beiträge unter Kapitel 3.5.

3.1.1 Verwaltungsgebühren

Die Rechtsgrundlagen für die Erhebung von Verwaltungsgebühren sind aufgabenabhängig. 133

Im Bereich des Selbstverwaltungsrechts gilt das KAG (§ 1 Abs. 1 KAG, s. o.). Dagegen wird beispielsweise die Gebühr für einen Personalausweis aufgrund des § 1 der Personalausweisgebührenverordnung erhoben; hier ist Bundesrecht maßgeblich. Für Gebühren, die im Rahmen landesrechtlicher Bestimmungen erhoben werden, gilt das Gebührengesetz NRW (GebG NRW), für Gemeinden und Gemeindeverbände allerdings nicht in Selbstverwaltungsangelegenheiten (vgl. § 1 Abs. 2 Nr. 2.1 GebG NRW). 134

Kennzeichnend für Verwaltungsgebühren ist, dass sie als Gegenleistung für eine besondere Leistung – Amtshandlung oder sonstige Tätigkeit – der Verwaltung erhoben werden (vgl. § 4 Abs. 2, 1. Alt. KAG). Nach § 5 Abs. 1 KAG dürfen Verwaltungsgebühren nur erhoben werden, wenn die Leistung der Verwaltung von dem Beteiligten beantragt worden ist oder wenn sie ihn unmittelbar begünstigt. Voraussetzung für die Erhebung ist, dass eine Verwaltungsgebührensatzung existiert, die verschiedene Gebührentarife enthält. Mangelt es an der Festsetzung eines Gebührentarifs, ist die Erhebung einer Verwaltungsgebühr unzulässig. 135

Folgende Fragestellungen und Antworten ergeben sich somit aus den Rechtsgrundlagen: 136

- Wer erhebt? Gemeinden und Gemeindeverbände.
- Was wird erhoben? Eine Geldleistung, hier eine Verwaltungsgebühr.
- Wofür wird die Verwaltungsgebühr erhoben? Für eine Amtshandlung oder sonstige Tätigkeit der Verwaltung.
- Von wem wird die Verwaltungsgebühr entrichtet? Vom Antragsteller oder einem unmittelbar Begünstigten.

Beispiel:

Der in der Stadt S. wohnende Grundstückseigentümer Meier möchte eine Garage angrenzend an sein Einfamilienhaus errichten. Hierzu ist eine Baugenehmigung erforderlich. Herr Meier wendet sich an die zuständige Bauaufsichtsbehörde der Stadt S. und beantragt die Genehmigung für den Bau der Garage. Er legt die notwendigen Unterlagen, z. B. Baupläne, vor. Für die Bearbeitung des Antrages benötigt die Sachbearbeiterin drei Stunden. Nach dem Gebührentarif zur Verwaltungsgebührensatzung der Stadt S. wird die angefangene halbe Stunde mit 20 € berechnet, sodass Herr Meier eine Verwaltungsgebühr für seine Baugenehmigung von 6 x 20 € = 120 € zahlen muss. 137

Die obigen Fragen können wie folgt beantwortet werden: 138

- Wer erhebt? Die Stadt S.
- Was wird erhoben? Eine Verwaltungsgebühr in Höhe von 120 €.
- Wofür wird die Verwaltungsgebühr erhoben? Für die Erteilung einer Baugenehmigung.
- Von wem wird die Verwaltungsgebühr entrichtet? Vom Antragsteller Herrn Meier.

139 Hinzuweisen ist noch, dass der „Antrag" im Sinne des § 5 Abs. 1 KAG weit auszulegen ist. Abhängig vom Sachverhalt reicht ggf. auch ein mündlicher Antrag aus, im vorgenannten Beispiel allerdings nicht. Nach derselben Vorschrift ist jemand „unmittelbar begünstigt", wenn er keinen Antrag gestellt hat, ihm eine Amtshandlung jedoch bei objektiver Betrachtung Vorteile bietet. Nach der Rechtsprechung des OVG NRW liegt eine Begünstigung i. S. d. § 5 Abs. 1, zweiter Fall KAG NRW vor, wenn dem Kostenschuldner durch eine Amtshandlung ein – wie auch immer gearteter - unmittelbarer Vorteil rechtlicher oder tatsächlicher Art zu Gute komme (vgl. OVG NRW, Urt. v. 23.08.2001 - 9 A 201/99; OVG NRW, Urt. v. 05. Mai 1999 – 9 A 2350/98). Wann diese Voraussetzung zu bejahen sei, sei eine Frage des konkreten Einzelfalles, d.h. es ist anhand der Gesamtumstände des jeweiligen Einzelfalles festzustellen, ob ein derartiger Vorteil gegeben ist.

140 Es kann allerdings auch vorkommen, dass ein Antrag abgelehnt werden muss oder von dem Beteiligten zurückgenommen wird. In diesen Fällen ist gemäß § 5 Abs. 2 KAG eine Gebühr in Höhe von 10–75 % der Gebühr zu erheben, die bei ihrer Vornahme zu erheben wäre. Diese Vorschrift stellt klar, dass

a) die Gebühr im Fall der Genehmigung Basis für die Berechnung ist,
b) die zuständige Stelle Ermessen auszuüben hat, und zwar Auswahlermessen bezüglich der Höhe der Gebühr (10–75 % der Genehmigungsgebühr), nicht aber Entschließungsermessen („... so sind 10–75 v. H. der Gebühr zu erheben ...").

141 Das Auswahlermessen kann insbesondere mit der Bearbeitungszeit eines Antrages begründet werden. Beispielsweise kann über einen vollständigen Bauantrag für ein Wohnhaus deutlich schneller entschieden werden als für ein Einkaufszentrum.

142 Ist die Behörde unzuständig (was sie recht schnell feststellen sollte), ist nach § 5 Abs. 2 Satz 2 KAG keine Gebühr zu erheben. Für Widerspruchsbescheide gegen gebührenpflichtige Verwaltungsakte beträgt die Gebühr gemäß § 5 Abs. 3 KAG höchstens die Hälfte (Ermessen!!) der für den angefochtenen Verwaltungsakt festzusetzenden Gebühr. Hinweis: Nach § 110 Abs. 1 des Justizgesetzes NRW entfiel das Widerspruchsverfahren u. a. für Verwaltungsakte aufgrund einer Satzung nach § 2 KAG, die zwischen dem 1.11.2007 und dem 31.12.2015 bekannt gemacht worden sind. In diesen Fällen musste unmittelbar gegen den Verwaltungsakt geklagt werden.

143 In allen Fällen gilt, dass Auslagen, die die Behörde gehabt hat, zu ersetzen sind. § 5 Abs. 7 KAG beinhaltet eine nicht abschließende Aufzählung einiger, teilweise nostalgisch anmutender Auslagen, die gesondert zu erstatten sind, z. B. im Einzelfall besonders hohe Telegrafen-, Fernschreib-, Fernsprechgebühren und Zustellungskosten. Gleiches gilt z. B. für Kosten von Sachverständigen, sofern diese für die Beurteilung des beantragten Sachverhaltes erforderlich sind.

Beispiel:

Der Bauantrag von Herrn Meier (s. o.) wird aufgrund eines baurechtlichen Verstoßes abgelehnt. Die Sachbearbeiterin berechnet im Rahmen ihres Ermessens die Gebühr für den Ablehnungsbescheid mit 50 % von 120 € = 60 €. Hiergegen legt Herr Meier Widerspruch ein. Dieser wird zurückgewiesen. Die Gebühr für den Widerspruchsbescheid darf maximal 30 € (die Hälfte von 60 €) betragen. 144

In § 5 Abs. 5 und 6 KAG ist geregelt, unter welchen Voraussetzungen Gebührenbefreiung vorliegt. Nach Abs. 5 sind mündliche Auskünfte gebührenfrei (sachliche Gebührenbefreiung). Nach Abs. 6 sind verschiedene Körperschaften des öffentlichen Rechts von der Gebühr befreit (persönliche Gebührenbefreiung). Hierzu gehören: 145

- das Land NRW,
- die Gemeinden und Gemeindeverbände, allerdings ohne ihre wirtschaftlichen Unternehmen (vgl. § 107 Abs. 1 GO, z. B. ein gemeindeeigenes Elektrizitätswerk) oder eine beantragte sonstige Tätigkeit in einigen Bauangelegenheiten,
- die Bundesrepublik und die anderen Länder, soweit Gegenseitigkeit gewährleistet ist, also in den entsprechenden Bundes- oder Landesgesetzen gleichartige Gebührenbefreiungen bestehen,
- die Kirchen und Religionsgemeinschaften des öffentlichen Rechts, soweit die Leistung der Verwaltung unmittelbar der Durchführung kirchlicher Zwecke im Sinne des § 54 AO dient. Nach dieser Vorschrift verfolgt eine Körperschaft kirchliche Zwecke, wenn ihre Tätigkeit darauf gerichtet ist, eine Religionsgemeinschaft, die Körperschaft des öffentlichen Rechts ist, selbstlos zu fördern. Zu diesen Zwecken gehören insbesondere die Errichtung, Ausschmückung und Unterhaltung von Gotteshäusern und kirchlichen Gemeindehäusern, die Abhaltung von Gottesdiensten, die Ausbildung von Geistlichen, die Erteilung von Religionsunterricht, die Beerdigung und die Pflege des Andenkens der Toten, ferner die Verwaltung des Kirchenvermögens, die Besoldung der Geistlichen, Kirchenbeamten und Kirchendiener, die Alters- und Behindertenversorgung für diese Personen und die Versorgung ihrer Witwen und Waisen. Die Gebührenbefreiung ist vor allem verfassungsgeschichtlich begründet.

In § 8 GebG NRW sind teilweise wortgleiche Befreiungen normiert. Die Religionsgemeinschaften des öffentlichen Rechts in den einzelnen Bundesländern können u. a. im Internet auf der Seite des Bundesministeriums des Innern abgerufen werden.[10] 146

Gebührenbefreiung gilt nicht für amtliche Bescheinigungen, Zeugnisse und Gutachten der unteren Gesundheitsbehörden, vgl. § 5 Abs. 6 S. 2 KAG. 147

[10] Vgl. Bundesministerium des Innern, für Bau und Heimat 2018

148 Wie werden Verwaltungsgebühren ermittelt?

149 § 5 Abs. 4 KAG bestimmt, dass das veranschlagte Gebührenaufkommen die voraussichtlichen Aufwendungen für den betreffenden Verwaltungsbereich nicht übersteigen darf. Diese Norm beinhaltet

a) ein Überschreitungsverbot
b) der geplanten Gebühren im Verhältnis zu den geplanten Aufwendungen
c) eines Verwaltungsbereichs.

150 Ein Aufwandsdeckungsgebot (orientiert am Kostendeckungsgebot bei den Benutzungsgebühren, hierzu später) findet man in der Vorschrift nicht. Die (im Haushaltsplan) veranschlagten Gebühren dürfen somit maximal so hoch sein wie die geplanten Aufwendungen. Entscheidend ist also die Richtigkeit einer Vorkalkulation. Als Aufwand wird der bewertete Verbrauch von Gütern und Dienstleistungen in einer Periode bezeichnet. Aufwendungen werden im gemeindlichen Haushaltsplan – hier Ergebnisplan – veranschlagt, vgl. §§ 78 Abs. 2 Nr. 1 lit. a, 79 Abs. 1 Nr. 2 GO, § 2 GemHVO.

151 Mit „Verwaltungsbereich" ist eine Organisationseinheit der Verwaltung (z. B. ein Amt, Fachbereich oder Fachdienst) gemeint. Er ist vergleichsweise eng zu fassen. Beispielsweise dürfen wohl Aufwendungen von Querschnittseinheiten (z. B. Personalamt, Rechnungswesen) nicht in die Berechnung der Aufwendungen einbezogen werden.

Beispiel zur Berechnung von Verwaltungsgebühren:

152 Eine Sachbearbeiterin im Ordnungsamt erstellt u. a. Genehmigungsbescheide zur Nutzung von öffentlichen Verkehrsflächen. Laut Stundennachweis entfällt ein Anteil von durchschnittlich 5 % ihrer Wochenarbeitszeit auf diese Tätigkeit. Die Jahrespersonalaufwendungen betragen 50.000 €, der Sachaufwand für den Büroarbeitsplatz 10.000 €. Es werden voraussichtlich 100 Bescheide pro Jahr erstellt.

Berechnung:

153

Personalaufwand:	50.000 €
Sachaufwand:	10.000 €
Summe:	60.000 €
Anteilig 5 %:	3.000 €
Anzahl Bescheide:	100 Stück
Verwaltungsgebühr:	30 €

154 Anmerkung: Im Internet kann eine Vielzahl von Verwaltungsgebührensatzungen abgerufen werden, sodass hier auf einen Abdruck verzichtet wird.[11]

[11] Z. B. (Dülmen, 2015); (Wetter (Ruhr), 2010)

3.1.2 Benutzungsgebühren

Diese Gebührenart wird gemäß § 4 Abs. 2, 2. Alt. KAG als Gegenleistung für die Inanspruchnahme öffentlicher Einrichtungen und Anlagen erhoben. Auch hier gilt, dass eine Satzung gemäß § 2 Abs. 1 KAG existieren muss. 155

Was sind öffentliche Einrichtungen und Anlagen? 156

Nach § 8 Abs. 1 GO schaffen die Gemeinden innerhalb der Grenzen ihrer Leistungsfähigkeit die für die wirtschaftliche, soziale und kulturelle Betreuung ihrer Einwohner erforderlichen öffentlichen Einrichtungen. Bereits hier wird auf haushaltswirtschaftliche Belange Bezug genommen, da sich der Umfang der Einrichtungen an der (dauerhaften) Leistungsfähigkeit der Gemeinden orientiert. Kennzeichnend hierfür ist ein ausgeglichener Haushalt im Sinne des § 75 Abs. 2 GO. Spätestens mit der Verpflichtung, ein Haushaltssicherungskonzept aufzustellen, ist die dauerhafte Leistungsfähigkeit (zunächst) nicht gegeben, da es nach § 76 Abs. 1 und 2 GO das Ziel eines Haushaltssicherungskonzeptes ist, die dauerhafte Leistungsfähigkeit der Gemeinde wieder zu erreichen. 157

Die Bereitstellung der öffentlichen Einrichtungen berechtigt alle Einwohner, diese zu benutzen, verpflichtet diese aber auch, die Lasten zu tragen, die sich aus ihrer Zugehörigkeit zu der Gemeinde ergeben, vgl. § 8 Abs. 2 GO. Für bestimmte Einrichtungen kann ein Anschluss- und Benutzungszwang vorgeschrieben werden, z. B. für die Kanalisation, Wasserleitungen oder Fernwärme, vgl. § 9 GO. 158

Zahlreiche Beispiele für öffentliche Einrichtungen sind in § 107 Abs. 2 GO aufgeführt. Hierzu gehören u. a.: 159

- Öffentliche Einrichtungen, die für die soziale und kulturelle Betreuung der Einwohner erforderlich sind, insbesondere Einrichtungen auf den Gebieten
  - Erziehung, Bildung oder Kultur (Schulen, Volkshochschulen, Tageseinrichtungen für Kinder und sonstige Einrichtungen der Jugendhilfe, Bibliotheken, Museen, Ausstellungen, Opern, Theater, Kinos, Bühnen, Orchester, Stadthallen, Begegnungsstätten),
  - Sport oder Erholung (Sportanlagen, zoologische und botanische Gärten, Wald-, Park- und Gartenanlagen, Herbergen, Erholungsheime, Bäder, Einrichtungen zur Veranstaltung von Volksfesten),
  - Gesundheits- oder Sozialwesen (Krankenhäuser, Bestattungseinrichtungen, Sanatorien, Kurparks, Senioren- und Behindertenheime, Frauenhäuser, soziale und medizinische Beratungsstellen),
- Einrichtungen, die der Straßenreinigung, der Wirtschaftsförderung, der Fremdenverkehrsförderung oder der Wohnraumversorgung dienen,
- Einrichtungen des Umweltschutzes, insbesondere der Abfallentsorgung oder Abwasserbeseitigung sowie des Messe- und Ausstellungswesens.

160 Die maßgebliche Rechtsgrundlage zur Erhebung von (kommunalen) Benutzungsgebühren ist § 6 KAG. Nach § 6 Abs. 1 S. 1 KAG sind Benutzungsgebühren zu erheben, wenn eine Einrichtung oder Anlage überwiegend dem Vorteil einzelner Personen oder Personengruppen dient, sofern nicht ein privatrechtliches Entgelt erhoben wird. Es müssen also folgende Tatbestandsvoraussetzungen geprüft werden:

a) Handelt es sich um eine kommunale Einrichtung oder Anlage?
b) Dient diese Einrichtung oder Anlage überwiegend dem Vorteil einzelner Personen oder Personengruppen?
c) Wird ein privatrechtliches Entgelt erhoben?
d) Existiert eine Benutzungsgebührensatzung nach § 2 Abs. 1 KAG?

161 Zu a): Beispiele für kommunale Einrichtungen oder Anlagen sind oben aufgeführt. Maßgeblich für die Beurteilung ist hier, wer Eigentümer der Einrichtung oder Anlage ist; die Rechtsform ist an dieser Stelle unmaßgeblich. Beispiel: Die Stadt A. ist Eigentümerin eines Hallenbades. Diese Einrichtung kann z. B. als städtische Organisationseinheit (Amt, Abteilung etc.), als eigenbetriebsähnliche Einrichtung im Sinne des § 107 Abs. 2 Nr. 2, 2. Spiegelstrich GO, als Anstalt öffentlichen Rechts gemäß § 114a GO oder privatrechtlich als GmbH (§ 108 GO i. V. m. GmbHG) geführt werden.

162 Zu b): Die Einrichtung muss überwiegend, also zu über 50 %, dem Vorteil einzelner Personen oder Personengruppen dienen. Hierzu ist es erforderlich, spezifische Personengruppen oder Personen bestimmen zu können.

<u>Beispiele:</u>

163

Einrichtung/Anlage	**Personen/Personengruppen**
Hallenbad	Schwimmer, Nichtschwimmer, Teilnehmerinnen an Fitnesskursen, Schülerinnen
Museum	Besucherinnen (Kunstinteressierte, Schülerinnen, Touristen)
Bücherei	Leserinnen, sonstige Nutzer der angebotenen Medien (z. B. CDs, DVDs)
Sportplatz	Sportlerinnen, Schülerinnen

Etwas schwieriger wird die Zuordnung bei folgenden Einrichtungen oder Anlagen: 164

165

Einrichtung/Anlage	Personen/Personengruppen
Abfallbeseitigung/Entwässerung	Unmittelbar: Grundstückseigentümer als Adressat eines Grundbesitzabgabenbescheides; Nutzer der Einrichtung: Grundstückseigentümer oder Mieter; Achtung: im Regelfall besteht Anschluss- und Benutzungszwang
Stadtpark (umzäunt und mit Eingangsbereich inkl. Kasse versehen)	Besucher des Stadtparks
Stadtpark, öffentlich zugänglich	Besucher, sämtliche Nutzer, Passanten
Straßen	Nahezu sämtliche Einwohner; auswärtige Nutzer

Zu c): Sofern ein privatrechtliches Entgelt gefordert wird, ist die (gleichzeitige) Erhebung 166 von Benutzungsgebühren unzulässig. Theoretisch kann in den meisten Fällen für die Benutzung öffentlicher Einrichtungen und Anlagen ein privatrechtliches Entgelt gefordert werden. Sofern sich die Gemeinde für eine Einrichtung in privater Rechtsform, z. B. eine GmbH oder AG, entscheidet, kann für diese Einrichtung jedoch keine Benutzungsgebühr erhoben werden, da die Erhebung von öffentlich-rechtlichen Abgaben nur juristischen Personen des öffentlichen Rechts vorbehalten ist.

Die Abwägung, ob ein privatrechtliches Entgelt oder eine öffentlich-rechtliche Gebühr 167 gefordert wird, wird in der Regel nach praktischen Gesichtspunkten vorgenommen.

Sofern das Entgelt vor Erbringung der Leistung zu zahlen ist, können auch privatrechtliche 168 Entgelte gefordert werden (z. B. für Theater, Museen, Schwimmbäder, zoologische Gärten). Ist das Entgelt dagegen nach Erbringung der Leistung zu zahlen oder können Vorauszahlungen (§ 6 Abs. 4 KAG) gefordert werden, empfiehlt sich die öffentliche-rechtliche Benutzungsgebühr (z. B. Bestattungswesen, Rettungsdienst, Abfallbeseitigung, Abwasserbeseitigung, Straßenreinigung). Die Entscheidung für die Gebühr kann insbesondere damit begründet werden, dass die Festsetzung durch Abgabenbescheide möglich ist und ggf. die Mahnung und Vollstreckung durch die Gemeindekasse schneller und ohne Beteiligung eines Gerichts erfolgen kann.

Zu d): Sofern die Tatbestandsvoraussetzungen des § 6 Abs. 1 S. 1 KAG erfüllt sind, besteht 169 eine Pflicht zur Erhebung von Benutzungsgebühren („... sind zu erheben ..."). Diese Pflicht setzt jedoch die Existenz einer Benutzungsgebührensatzung nach § 2 Abs. 1 KAG voraus.

Achtung: Es gibt öffentliche Einrichtungen, deren Finanzierung spezialgesetzlich geregelt 170 ist, z. B. Tageseinrichtungen für Kinder. Zunächst könnte man die Tatbestandsvoraussetzungen des § 6 Abs. 1 S. 1 KAG auch bei den Kindertagesstätten als erfüllt ansehen.

171 Allerdings beteiligen sich die Eltern in Form von Teilnahme- oder Kostenbeiträgen nach § 23 Abs. 1 des Kinderbildungsgesetzes NRW i. V. m. § 90 SGB XIII an der Finanzierung der Tageseinrichtungen; diese fallen nicht unter die Benutzungsgebühren, sondern stellen spezialgesetzliche, sonstige öffentlich-rechtliche Einnahmen dar.

172 Sofern die öffentliche Einrichtung oder Anlage nicht überwiegend dem Vorteil einzelner Personen oder Personengruppen dient, können Benutzungsgebühren erhoben werden, § 6 Abs. 1 S. 2 KAG. Die praktische Umsetzung (z. B. bei Gemeindestraßen) könnte sich allerdings als schwierig erweisen.

3.2 FINANZWIRTSCHAFTLICHE BEDEUTUNG

173 Gemeinden und Gemeindeverbände verfügen über eine Vielzahl unterschiedlicher Finanzmittel. Hierbei ist die nach § 77 Abs. 2 und 3 GO vorgeschriebene Rangfolge der Finanzmittelbeschaffung nicht deckungsgleich mit der jeweiligen Bedeutung für die kommunalen Haushalte. Insgesamt fällt auf, dass Steuern, Steuerbeteiligungen oder Umlagen (z. B. der Kreise) eine deutlich höhere finanzwirtschaftliche Bedeutung haben als z. B. Gebühren. Betrachtet man z. B. Haushalte kreisangehöriger oder kreisfreier Städte, ist festzustellen, dass die Anteile der Steuern, Steuerbeteiligungen und Zuwendungen (u. a. Schlüsselzuweisungen nach dem Gemeindefinanzierungsgesetz, vgl. Kapitel 5.5) maßgeblich zur Finanzierung kommunaler Aufgaben beitragen. Bedauerlicherweise trifft dieses auch für Kredite zu, wobei eine anteilige Fremdfinanzierung von kommunalen Investitionen unkritischer gesehen wird als die Finanzierung von Auszahlungen aus laufender Verwaltungstätigkeit durch Liquiditätskredite, deren kommunaler Bestand sich Ende 2016 nur in Nordrhein-Westfalen auf 26,3 (!) Milliarden Euro belief und Ende 2017 auf 24,1 Milliarden Euro sank.[12]

174 Nach der Kassenstatistik 2016[13] haben die nordrhein-westfälischen Gemeinden und Gemeindeverbände folgende Einzahlungen erzielt:

175

	in 1.000 €	in %
Einzahlungen	**82.796.000 €**	**100,00 %**
		0,00 %
Steuern, Steuerbeteiligungen	25.127.121 €	30,35 %
davon Gewerbesteuer	11.095.158 €	13,40 %
davon Beteiligung an der Einkommensteuer	7.773.352 €	9,39 %
davon Beteiligung an der Umsatzsteuer	1.151.519 €	1,39 %
Zuwendungen und allgemeine Umlagen	26.110.624 €	31,54 %

[12] https://www.it.nrw/schulden-der-nrw-kommunen-waren-ende-2017-mit-617-milliarden-euro-um-23-prozent-niedriger-als-ein

[13] Vgl. https://destatis.de/GPStatistik/servlets/MCRFileNodeServlet/NWHeft_derivate_00009984/L213201600.pdf, S. 8

Transfereinzahlungen	1.552.436 €	1,88 %
Leistungsentgelte u. Ä.	15.550.410 €	18,78 %
davon Gebühren, Entgelte, zweckgebundene Abgaben	6.280.623 €	7,59 %
privatrechtliche Leistungsentgelte	1.064.248 €	1,29 %
sonstige Einzahlungen aus laufender Verwaltungstätigkeit	1.898.949 €	2,29 %
Einzahlungen aus Investitions- und Finanzierungstätigkeit	11.609.803 €	14,02 %
davon Investitionszuweisungen vom Land	2.008.238 €	2,43 %
davon Kreditaufnahmen	7.695.384 €	9,29 %
davon für Investitionen	4.730.397 €	5,71 %
davon zur Liquiditätssicherung	2.964.988 €	3,58 %

Aus der vierteljährlichen Kassenstatistik von IT.NRW wird ersichtlich, dass der Anteil der öffentlich-rechtlichen Leistungsentgelte an den Gesamteinzahlungen, zu denen auch die Gebühren gehören, im Jahr 2016 ca. 7,59 % betrug. 176

Die Bedeutung der Benutzungsgebühren für den kommunalen Haushalt ist in hohem Maße auch abhängig von der organisatorischen Ausrichtung der Gemeinde. Sofern sämtliche Einrichtungen mit kostendeckenden Gebühren, vor allem die Bereiche Abfall und Entwässerung, innerhalb des kommunalen Haushaltes bewirtschaftet werden, ist der Anteil der Benutzungsgebühren deutlich höher als bei ausgelagerten Organisationseinheiten, sofern diese die Gebühren unmittelbar vereinnahmen. Vielfach sind insbesondere die Bereiche Abfallbeseitigung, Entwässerung, Straßenreinigung, Winterdienst oder Friedhöfe organisatorisch verselbstständigt, z. B. in Form von eigenbetriebsähnlichen Einrichtungen nach § 107 Abs. 2 GO oder Anstalten öffentlichen Rechts nach § 114a GO. 177

Verwaltungsgebühren spielen zur Finanzierung kommunaler Aufgaben insgesamt nur eine untergeordnete Rolle. Ähnliches trifft auf die privatrechtlichen Leistungsentgelte zu, vgl. obige Statistik. 178

Dennoch ist festzuhalten, dass auf Gebührenanpassungen, gerade auch in defizitären Bereichen, nicht verzichtet werden sollte. Nach § 77 Abs. 2 Nr. 1 GO muss die Aufgabenfinanzierung, soweit vertretbar und geboten, aus speziellen Entgelten erfolgen. Hier gilt einerseits, dass das Verursachungsprinzip hinreichend berücksichtigt werden muss, andererseits ist auch auf die wirtschaftliche Leistungsfähigkeit der Abgabepflichtigen Rücksicht zu nehmen, vgl. § 10 S. 2 GO. Dieses Gebot der Rücksichtnahme gilt für alle Abgaben, sodass eine ausschließliche Erhöhung der Grundsteuer B zugunsten einer Nichterhöhung kommunaler Gebühren durchaus kritisch gesehen werden kann. 179

3.3 KOSTENRECHNUNG UND ABGABENFESTSETZUNG

Worauf muss bei der Kalkulation der Benutzungsgebühren geachtet werden?

180 Nach § 6 Abs. 1 S. 3 KAG soll das veranschlagte Gebührenaufkommen die voraussichtlichen Kosten der Einrichtung oder Anlage nicht übersteigen und in den Fällen des Satzes 1 in der Regel decken. Basis für die Gebührenkalkulation sind also Kosten. Nach § 6 Abs. 2 S. 1 KAG sind Kosten die nach betriebswirtschaftlichen Grundsätzen ansatzfähigen Kosten. Die genannte Vorschrift liefert keine Erklärung, was „Kosten" sind, sondern verweist auf die Betriebswirtschaftslehre. Danach sind Kosten der „betriebszweckbezogene, bewertete Verbrauch von Gütern und Dienstleistungen in einer Periode."[14] Zu den Kosten gehören insbesondere folgende Kostenarten:

- Personalkosten
- Sachkosten (z. B. Energiekosten, Materialkosten, Inanspruchnahme von Fremdleistungen)
- kalkulatorische Kosten (Abschreibungen, Zinsen, seltene Wagnisse)

181 § 6 Abs. 1 S. 3 KAG beinhaltet weitere zu beachtende Merkmale:

a) Das Kostenüberschreitungsverbot
b) Das Kostendeckungsgebot

182 Zu a): Die Gebühren dürfen die Kosten nicht überschreiten. Dieses Verbot gilt für die Vorkalkulation, also für die Gebühren auf Basis der geplanten Kosten. Die Vorschrift verweist hier auf „voraussichtliche" Kosten. Eine Überschreitung der Gebühren über die Istkosten (nach Schluss des Haushaltsjahres; Nachkalkulation) ist rechtlich zulässig, führt aber zu Ausgleichen in Folgejahren (hierzu später). Im Fall einer Klage gegen einen Gebührenbescheid würde ggf. nur die Vorkalkulation gerichtlich überprüft werden.

183 Zu b): Sofern Einrichtungen oder Anlagen überwiegend dem Vorteil einzelner Personen oder Personengruppen dienen, gilt das Kostendeckungsgebot. Hier sollen die Gebühren die Kosten decken, da es bereits aus Gründen des Verursachungsprinzips gerechtfertigt ist, dass öffentliche Einrichtungen oder Anlagen ausschließlich oder vorrangig durch Benutzungsgebühren anstatt aus anderen Deckungsmitteln, überwiegend Steuern oder Steuerbeteiligungen, finanziert werden.

184 Die Verpflichtung zur Kostendeckung (Sollvorschrift) stellt rechtlich den Regelfall dar. Abweichungen können sich ergeben:

- durch einmalige Vorgänge, die zu erhöhten Kosten führen, aber nicht in vollem Umfang auf die Gebühren überwälzt werden können oder sollen,
- durch eine kalkulierte Gebühr, die die Wirkung einer deutlich zurückgehenden bis zur prohibitiven[15] (= verhinderten) Nachfrage nach der Nutzung der öffentlichen Einrichtung hätte.

[14] Eine ähnliche Definition vgl. (wirtschaftslexikon24.com, 2018)
[15] Zur Definition des Prohibitivpreises vgl. (Piekenbrock, 2018)

§ 6 Abs. 2 S. 4 und 5 KAG konkretisiert, welche Abschreibungsmethoden zulässig sind (linear nach Nutzungsdauer oder Leistungsmenge), dass das Abzugskapital (Beiträge und Zuschüsse Dritter) bei der Berechnung der kalkulatorischen Zinsen unberücksichtigt bleibt oder dass ggf. anfallende Umsatzsteuer den Gebührenpflichtigen auferlegt werden kann. 185

Beispiel 1: Kalkulation einer Abfallbeseitigungsgebühr (vereinfachte Berechnung, nur eine Gefäßart): 186

187

Personalkosten	250.000 €
Sachkosten	100.000 €
kalkulatorische Kosten	40.000 €
Umlagekosten (Gebäude, Verwaltung)	60.000 €
Summe Kosten	450.000 €
Anzahl Gefäße:	10.000
Gebühr pro Gefäß	45 €

In diesem Fall würde die Jahresgebühr 45 € (450.000 € : 10.000 Gefäße) betragen. 188

Beispiel 2: Kalkulation der Benutzungsgebühr für das Hallenbad (wiederum vereinfacht, nur eine Gebührenart, keine Ermäßigungen, keine sonstigen Einnahmen): 189

190

Personalkosten	400.000 €
Sachkosten	350.000 €
kalkulatorische Kosten	60.000 €
Umlagekosten (Gebäude, Verwaltung)	80.000 €
Summe Kosten	890.000 €
Anzahl Besuche/Nutzungen	60.000
Gebühr pro Besuch/Nutzung	15 €

In diesem Beispiel wird deutlich, dass eine kostendeckende Gebühr von 15 € (890.000 € : 60.000 Besuche) mit hoher Wahrscheinlichkeit dazu führen würde, dass die Nachfrage nach der Benutzung des Hallenbades sehr deutlich abnehmen oder fast vollständig ausbleiben wird. 191

Weitere Beispiele für öffentliche Einrichtungen und Anlagen, bei denen Benutzungsgebühren (oder entsprechende privatrechtliche Leistungsentgelte) im Regelfall nicht kostendeckend erhoben werden, sind Büchereien, Museen, Theater, Musikschulen, Volkshochschulen, Freibäder und evtl. Friedhöfe. 192

193 Für welche Zeiträume werden Benutzungsgebühren kalkuliert?

194 Nach § 6 Abs. 2 S. 2 KAG kann der Gebührenrechnung ein Kalkulationszeitraum von höchstens drei Jahren zugrunde gelegt werden. In den allermeisten Fällen wird empfohlen, den Kalkulationszeitraum auf ein Jahr zu begrenzen, da sich auch die Kosten jährlich ändern.

195 Neben dem Kalkulationszeitraum beschreibt § 6 Abs. 2 S. 3 KAG den Ausgleichszeitraum. Dieser beträgt maximal vier Jahre am Ende des Kalkulationszeitraums. Innerhalb dieses Ausgleichszeitraumes

- sind Kostenüberdeckungen auszugleichen; in diesem Fall hat die Gemeinde höhere Gebühren vereinnahmt als Kosten entstanden sind, und es besteht eine Verpflichtung zum Ausgleich,
- sollen Kostenunterdeckungen ausgeglichen werden; hier unterschritten die tatsächlichen Gebühren die tatsächlichen Kosten. In diesen Fällen besteht eine eingeschränkte Verpflichtung zum Ausgleich.

196 Der zeitliche Zusammenhang zwischen Kalkulations- und Ausgleichszeiträumen wird nachfolgend dargestellt:

197 Beispiel 1: Der Kalkulationszeitraum beträgt ein Jahr:

198

	2017	2018	2019	2020	2021
Kalkulationszeitraum					
Ausgleichszeitraum					

199 Beispiel 2: Der Kalkulationszeitraum beträgt drei Jahre:

200

	2017	2018	2019	2020	2021	2022	2023
Kalkulationszeitraum							
Ausgleichszeitraum							

201 Welche Auswirkungen haben Kostenüber- und Kostenunterdeckungen auf den Ausgleichszeitraum?

202 Nehmen wir an, dass im Jahr 2017 eine Kostenüberdeckung von 100.000 € entstanden ist. Diese ist dann – bei einem Kalkulationszeitraum von einem Jahr, s. o. Beispiel 1 innerhalb der nächsten vier Jahre auszugleichen. Man könnte die Überdeckung in vollem Umfang im Jahr 2018 berücksichtigen oder gleichmäßig oder in unterschiedlicher Höhe auf den Ausgleichszeitraum bis 2021 verteilen. Die Verteilung ist u. a. von gebührenpolitischen Entscheidungen abhängig. Ist z. B. bekannt, dass im Jahr 2019 einmalige, zusätzliche Kosten von 100.000 € geplant werden, könnte die Überdeckung auch zum Ausgleich dieses Einmaleffektes verwendet werden.

Eine (vereinfachte) Kalkulation könnte danach wie folgt aussehen (vgl. Beispiel Abfall- 203
beseitigungsgebühr, s. o.):

204

Personalkosten	250.000 €	250.000 €
Sachkosten	100.000 €	100.000 €
einmalige Instandsetzungskosten	***100.000 €***	***100.000 €***
kalkulatorische Kosten	40.000 €	40.000 €
Umlagekosten (Gebäude, Verwaltung)	60.000 €	60.000 €
Summe Kosten	550.000 €	550.000 €
abzüglich Kostenüberdeckung aus 2017		***-100.000 €***
Verbleibende Kosten		***450.000 €***
Anzahl Gefäße:	10.000	10.000
Gebühr pro Gefäß ohne/***mit*** Kostenüberdeckung	55 €	***45 €***

Frage: Ist ein Ausgleich innerhalb von vier Jahren praktisch möglich? 205

Wir beziehen uns wieder auf das obige Beispiel. Die Feststellung, ob eine Kostenüber- oder 206
-unterdeckung für das Jahr 2017 entstanden ist, erfolgt im Rahmen der Nachkalkulation im ersten Quartal 2018. Zu diesem Zeitpunkt steht die Gebühr für 2018 bereits fest, nämlich im Regelfall aufgrund der Vorkalkulation im Jahr 2017 und der danach beschlossenen Gebührensatzung für das Jahr 2018. Faktisch ist ein Ausgleich aus 2017 im Jahr 2018 somit nicht mehr möglich. Es verbleiben in unserem Beispiel die Jahre 2019–2021. Der Gesetzgeber hat vor einigen Jahren den Ausgleichszeitraum sinnvollerweise von drei auf vier Jahre erweitert.

Für die Kalkulation von Benutzungsgebühren benötigt die Verwaltung also zwingend gute 207
Kenntnisse über die Kosten- und Leistungsrechnung. Sie muss die Kostenarten aus den Aufwendungen bzw. Auszahlungen herleiten können, nicht zahlungswirksame Vorgänge berücksichtigen und die Kosten auf verschiedene Kostenstellen und Kostenträger verteilen. Kostenstellen im Bereich der Straßenreinigung können z. B. „Handreinigung" und „Maschinenreinigung" sein, Kostenträger im Bereich der Abfallbeseitigung die unterschiedlichen Abfallgefäße (z. B. 60-l-Restabfalltonne, 80-l-Biotonne).

208 Die Festsetzung der Abgaben ist im Kapitel 2 beschrieben worden. Während z. B. die Nutzung eines Hallenbades durch Zahlung einer Gebühr oder eines Entgeltes an der Kasse ohne weitere Festsetzung möglich ist, werden z. B. Abfallbeseitigungsgebühren oder Entwässerungsgebühren durch einen Bescheid, also einen belastenden Verwaltungsakt, festgesetzt. Dieser Bescheid kann auch Vorausleistungen beinhalten (vgl. § 6 Abs. 4 KAG). Sofern die Gemeinde z. B. Abfallvermeidung „belohnen" möchte, kann die Gebühr für die Restabfalltonne anteilig erstattet werden, sofern das Gefäß nicht regelmäßig, sondern nur bei Bedarf geleert wird. In diesem Fall würde der Abgabepflichtige zunächst zu hohe Vorausleistungen zahlen. Die anteilige Gebührenerstattung wird dann im Folgejahr meistens mit der ersten Fälligkeit verrechnet.

209 Die Fälligkeiten der sonstigen Grundbesitzabgaben orientieren sich an denen der Grundsteuern (vgl. § 28 Abs. 1 GrdStG); danach sind sie jeweils zu einem Viertel am 15.2., 15.5., 15.8. und 15.11. des Jahres zu entrichten. In den jeweiligen Gebührensatzungen müssen diese Fälligkeiten aber explizit aufgenommen werden, vgl. § 2 Abs. 1 S. 2 KAG.

210 Ergänzend ist darauf hinzuweisen, dass grundstücksbezogene Benutzungsgebühren nach § 6 Abs. 5 KAG als öffentliche Last auf dem Grundstück ruhen. Dieses bedeutet, dass offene Forderungen der Gemeinde z. B. aus Entwässerungsgebühren bei einem Wechsel des Grundstückseigentümers (auch) dem neuen Eigentümer zugerechnet werden können und von ihm bezahlt werden müssen. Ein potenzieller Grundstückserwerber sollte also umfassend prüfen, ob das Grundstück frei von Lasten ist.

3.4 FESTSETZUNG VON BENUTZUNGSGEBÜHREN – HAUSHALTSAUSGLEICH UND KOSTENDECKUNG

211 Die Feststellungen, wann ein Haushalt ausgeglichen ist oder eine Gebühr kostendeckend erhoben wird, basieren auf unterschiedlichen Rechengrößen. Ein kommunaler Haushalt ist nach § 75 Abs. 2 S. 2 GO ausgeglichen, wenn der Gesamtbetrag der Erträge den Gesamtbetrag der Aufwendungen erreicht oder übersteigt. Maßgeblich ist also der Ergebnisplan bzw. die Ergebnisrechnung mit den Rechengrößen „Aufwendungen" und „Erträgen." Demgegenüber soll eine Benutzungsgebühr vielfach die Kosten decken. Es ist (in der Praxis) sehr häufig festzustellen, dass

- Leistungen und Erträge sowie
- Kosten und Aufwendungen

212 voneinander abweichen. Typische Beispiele sind Abweichungen bei den Abschreibungen und Zinsen. Während bilanzielle Abschreibungen nur vom Anschaffungswert berechnet werden, dürfen kalkulatorische Abschreibungen auch vom Wiederbeschaffungszeitwert ermittelt werden, also dem „Preis, der zum Bewertungszeitpunkt für die Erneuerung eines vorhandenen Vermögensgegenstandes durch einen solchen gleicher Art und Güte gezahlt werden müsste."[16]

[16] Vgl. OVG Münster, Urteil vom 05.08.1994 – 9 A 1248/92, Rn. 29

Abweichungen bei den Zinsen sind darauf zurückzuführen, dass der kalkulatorische Zins auch einen Eigenkapitalanteil beinhaltet, da mit kalkulatorischen Zinsen das zur Erfüllung des Betriebszwecks notwendige, in Vermögensgegenständen gebundene Kapital (betriebsnotwendiges Kapital) verzinst werden soll,[17] wohingegen der Zinsaufwand nur für Fremdkapital anfällt. 213

Folgendes Beispiel verdeutlicht die Auswirkungen: 214

215

Kostenrechnung (Vorkalkulation):		**Haushaltsplanung (Teilergebnisplan):**	
kostendeckende Gebühren	**1.100.000 €**	**Gebührenerträge**	**1.100.000 €**
Personalkosten	150.000 €	Personalaufwendungen	150.000 €
Sachkosten	300.000 €	Sachaufwendungen	300.000 €
Kalkulatorische Abschreibungen	250.000 €	Bilanzielle Abschreibungen	200.000 €
Kalkulatorische Zinsen	400.000 €	Zinsaufwendungen	300.000 €
Summe Kosten	**1.100.000 €**	**Summe Aufwendungen**	**950.000 €**
Ergebnis	**0 €**	**Überschuss**	**150.000 €**

Sofern in diesem Beispiel kostendeckende Gebühren erhoben werden, entsteht insoweit ein (voraussichtlicher) bilanzieller Gewinn in Höhe von 150.000 €. 216

Isoliert betrachtet dient dieser Gewinn haushaltsrechtlich zur Deckung der (gesamten) Aufwendungen. Dieses folgt aus dem Grundsatz der Gesamtdeckung gemäß § 20 Nr. 1 GemHVO, wonach die Erträge insgesamt zur Deckung der Aufwendungen dienen, soweit in der GemHVO nichts anderes bestimmt ist. 217

Abgabenrechtlich, also aufgrund des § 6 KAG, sollen die Gebühren in der Regel die Kosten decken. Dieses bedeutet, dass mindestens die in den Gebühren enthaltenen kalkulatorischen Abschreibungen angespart werden müssten, um die Vermögensgegenstände, deren Nutzungsdauer erreicht ist, zu erneuern. Darüber hinaus führt die Abweichung zwischen den kalkulatorischen Zinsen und dem Zinsaufwand zur Eigenkapitalverstärkung. 218

Noch deutlicher werden die Abweichungen, wenn man die Vorkalkulation der Kosten und Leistungen (in unserem Beispiel nur die Gebühren) mit dem Finanzplan vergleicht, der die Rechengrößen Ein- und Auszahlungen, also Geldbewegungen, beinhaltet, und somit keine zahlungsunwirksamen Vorgänge, wie z. B. Abschreibungen.

[17] Vgl. (Weber 2018) in: http://wirtschaftslexikon.gabler.de/Definition/kalkulatorische-zinsen.html

219

Kostenrechnung (Vorkalkulation):		**Haushaltsplanung (Teilfinanzplan):**	
kostendeckende Gebühren	**1.100.000 €**	**Gebühreneinzahlungen**	**1.100.000 €**
Personalkosten	150.000 €	Personalauszahlungen	150.000 €
Sachkosten	300.000 €	Auszahlungen für Sach- und Dienstleistungen	300.000 €
Kalkulatorische Abschreibungen	250.000 €		
Kalkulatorische Zinsen	400.000 €	Zinsauszahlungen	300.000 €
Summe Kosten	**1.100.000 €**	**Summe Auszahlungen aus laufender Verwaltungstätigkeit**	**750.000 €**
Ergebnis	**0 €**	**Überschuss aus laufender Verwaltungstätigkeit**	**350.000 €**

220 In unserem Beispiel führt die Planung – bei isolierter Betrachtung – zu einem Überschuss aus laufender Verwaltungstätigkeit, d. h. zu einer Verbesserung der liquiden Mittel im Finanzplan und der Bilanz. Die Höhe dieses Überschusses entspricht den zahlungsunwirksamen Vorgängen, hier der Summe der kalkulatorischen Abschreibungen und kalkulatorischen Zinsen, abzüglich der Zinsauszahlungen:

221

Kalkulatorische Abschreibungen	250.000 €
+ kalkulatorische Zinsen	400.000 €
= Summe kalkulatorische Kosten	650.000 €
abzüglich Zinsauszahlungen	-300.000 €
Überschuss	**350.000 €**

222 Haushaltsrechtlich dienen die Einzahlungen (aus den Gebühren) insgesamt zur Deckung der Auszahlungen aus laufender Verwaltungstätigkeit, vgl. § 20 Nr. 2 GemHVO. Die Zahlungsüberschüsse aus laufender Verwaltungstätigkeit sind insgesamt zur anteiligen Finanzierung sämtlicher Auszahlungen für Investitionen zu verwenden, vgl. § 20 Nr. 3 GemHVO. Insoweit sind keine Kreditaufnahmen erforderlich.

223 Die Gebührenpflichtigen finanzieren also

- Auszahlungen aus laufender Verwaltungstätigkeit und
- teilweise investive Auszahlungen.

Was passiert im Jahresabschluss? 224

Im Rahmen der Kosten- und Leistungsrechnung wird eine Nachkalkulation erstellt. Hier werden den Istkosten, also den tatsächlich angefallenen Kosten, die Istleistungen (u. a. Gebühren) gegenübergestellt. 225

Der Jahresabschluss nach NKF beinhaltet gemäß § 95 Abs. 1 GO i. V. m. § 37 GemHVO u. a. 226

- die Ergebnisrechnung (tatsächliche Aufwendungen und Erträge),
- die Finanzrechnung (tatsächliche Ein- und Auszahlungen),
- die Teilergebnis- und Teilfinanzrechnungen und
- die Bilanz.

Wir betrachten folgendes Beispiel: 227

228

Kostenrechnung (Nachkalkulation):		**Teilergebnisrechnung:**	
kostendeckende Gebühren	**1.090.350 €**	**Gebührenerträge**	**1.090.350 €**
Personalkosten	125.038 €	Personalaufwendungen	125.038 €
Sachkosten	290.837 €	Sachaufwendungen	290.837 €
Kalkulatorische Abschreibungen	248.500 €	Bilanzielle Abschreibungen	198.000 €
Kalkulatorische Zinsen	395.980 €	Zinsaufwendungen	285.012 €
Summe Kosten	**1.060.355 €**	**Summe Aufwendungen**	**898.887 €**
Ergebnis	**29.995 €**	**Überschuss**	**191.463 €**

Die Nachkalkulation schließt mit einer Kostenüberdeckung von 29.995 € ab, die Ergebnisrechnung mit einem Überschuss der Erträge über die Aufwendungen von 191.463 €, somit einem Gewinn, der das Eigenkapital erhöhen würde. 229

In diesem Überschuss ist allerdings die Kostenüberdeckung rechnerisch enthalten. Nach § 43 Abs. 6 GemHVO sind Kostenüberdeckungen der kostenrechnenden Einrichtungen am Ende eines Kalkulationszeitraumes, die nach § 6 KAG ausgeglichen werden müssen, als Sonderposten für den Gebührenausgleich anzusetzen. Kostenunterdeckungen, die ausgeglichen werden sollen, sind im Anhang anzugeben. 230

Dieser Sonderposten ist ein Posten auf der Passivseite der Bilanz (vgl. § 41 Abs. 4 Nr. 2.3 GemHVO). Sonderposten sind vielfach eher dem Eigenkapital (im weiteren Sinne) zuzuordnen, da dort z. B. investive Zuwendungen gebucht werden, die zur Finanzierung kommunaler Investitionen verwendet werden. Demgegenüber stellt der Sonderposten für den Gebührenausgleich eher Fremdkapital dar, da hier ein grundsätzlicher Anspruch aller betroffenen Gebührenzahler auf Ausgleich in künftigen Jahren dokumentiert wird. 231

232 Da die Erträge wie oben beschrieben um die Kostenüberdeckung zu hoch ausfallen, muss der Betrag von 29.995 € im Rahmen der Jahresabschlussarbeiten dem Sonderposten für den Gebührenausgleich zugeführt werden.

233 Der Buchungssatz lautet: Gebührenerträge (Kontengruppe 43) an Sonderposten für den Gebührenausgleich (Kontengruppe 23), 29.995 €. In der NKF-Handreichung des Ministeriums für Inneres und Kommunales[18] wird allerdings die Auffassung vertreten, die Kostenüberdeckung dem Sonderposten für den Gebührenausgleich durch eine Aufwandsbuchung zuzuführen. Leider findet man kein entsprechendes Konto in den Zuordnungsvorschriften zum kommunalen haushaltsrechtlichen Kontenrahmen (Kommunaler Kontierungsplan)[19] und auch nicht in den Zuordnungsvorschriften zum finanzstatistischen Kontenrahmen.[20] Denkbar wäre eine Buchung als sonstiger ordentlicher Aufwand, z. B. Aufwand aus Kostenüberdeckung Produkt XX (Kontengruppe 54) an Sonderposten für den Gebührenausgleich (Kontengruppe 23).

234 Beide Varianten führen zu dem Ergebnis, dass sich die Ergebnisrechnung und daraus folgend das Eigenkapital um die Zuführung an den Sonderposten vermindern.

235 In Folgejahren wird dieser Sonderposten über die Kontengruppe 43 (Öffentlich-rechtliche Leistungsentgelte; hier: Erträge aus der Auflösung von Sonderposten für den Gebührenausgleich) dem Zeitraum wieder ertragswirksam zugeordnet, in dem die Überdeckung gebührenmindernd berücksichtigt wird.

3.5 ERHEBUNG VON BEITRÄGEN

236 Der Begriff der Beiträge wird unterschiedlich verwendet. Im allgemeinen Sprachgebrauch können hierunter z. B. Mitgliedsbeiträge in Vereinen, Sozialversicherungsbeiträge oder Elternbeiträge für die Kindertagesstätten fallen.

237 Im Sinne des kommunalen Abgabenrechts sind Beiträge öffentlich-rechtliche Abgaben. Grundsätzlich gilt, dass Gemeinden Beiträge erheben können, vgl. § 8 Abs. 1 S. 1 KAG. Sie sollen bei den dem öffentlichen Verkehr gewidmeten Straßen, Wegen und Plätzen Beiträge erheben, soweit nicht das Baugesetzbuch anzuwenden ist, vgl. § 8 Abs. 1 S. 2 KAG. An dieser Stelle wird vorrangig die Anwendung des Baugesetzbuches (BauGB) geprüft.

---

[18] Vgl. Neues Kommunales Finanzmanagement in Nordrhein-Westfalen, Handreichung für Kommunen, 7. Auflage, S. 3.890 f.

[19] Vgl. Dresbach, Kommunale Finanzwirtschaft Nordrhein-Westfalen, 42. Auflage, S. 96 ff.

[20] Vgl. a. a. O., S. 291 ff.

3.5.1 Erschließungsbeiträge

Nach § 127 Abs. 1 BauGB erheben die Gemeinden zur Deckung ihres anderweitig nicht gedeckten Aufwandes für Erschließungsanlagen einen Erschließungsbeitrag nach Maßgabe der dann folgenden Vorschriften. 238

Welche Anlagen fallen unter den Begriff der Erschließungsanlagen nach § 127 Abs. 2 BauGB? 239

a) Die öffentlich zum Anbau bestimmten Straßen, Wege und Plätze. Der Begriff „zum Anbau bestimmt“ bedeutet, dass an diesen Anlagen gebaut werden kann und sie mit Kraftfahrzeugen zu erreichen sind, z. B. Wohn- oder Geschäftsgebäude. Öffentliche Straßen sind Anlagen, die der Allgemeinheit durch Widmung zum Gebrauch zur Verfügung gestellt werden, vgl. §§ 2, 6 des Straßen- und Wegegesetzes NRW. 240
b) Nicht befahrbare Verkehrsanlagen innerhalb von Baugebieten (z. B. Fußwege, Wohnwege). Diese Wege sind entweder tatsächlich nicht zu befahren (z. B. weil sie zu schmal sind), oder die Befahrung ist durch rechtliche Bestimmung (Widmung) ausgeschlossen. 241
c) Sammelstraßen; diese sind nicht zum Anbau bestimmt, aber zur Erschließung der Baugebiete – Wohn- oder Gewerbegebiete – notwendig. Sie stellen eine Verbindung zu den Wohn- oder Gewerbegebieten dar. Beitragsfähig ist eine Sammelstraße im Regelfall nur dann, wenn die Erschließung der zum Anbau bestimmten Straßen ausschließlich über sie möglich ist. 242
d) Parkflächen und Grünanlagen innerhalb der Baugebiete, soweit sie Bestandteil der oben genannten Verkehrsanlagen oder nach städtebaulichen Grundsätzen zu deren Erschließung notwendig sind. Der Begriff der „Parkflächen“ kann mehrdeutig ausgelegt werden. Parkplätze entlang der Fahrbahn sind Bestandteile der Straßen und werden unter dieser Position abgerechnet. Daneben sieht das BauGB auch die Beitragsfähigkeit von separaten Parkplätzen vor. Das Bundesverwaltungsgericht hat diese Beitragsfähigkeit in den meisten Fällen ausgeschlossen, da nicht zu erkennen ist, welche Grundstücke hiervon erschlossen werden. Nicht mit „Parkflächen“ gemeint sind dagegen „Parks“ im Sinne von Grünanlagen, auch wenn der textliche Zusammenhang diese Auslegung nahelegt, da der Begriff der „Plätze“ in § 127 Abs. 2 Nr. 1 BauGB auch Parkplätze umfassen könnte. Grünanlagen können größere Grünflächen, insbesondere aber sogenanntes Straßenbegleitgrün sein, also separate Grünstreifen neben den Straßen. Kinderspielplätze sind im Regelfall von der Beitragsfähigkeit ausgenommen. 243
e) Anlagen zum Schutz von Baugebieten gegen schädliche Umwelteinwirkungen, auch wenn sie nicht Bestandteil der Erschließungsanlagen sind. Hierunter fallen Lärmschutzwände oder -wälle. 244

Nach § 128 Abs. 1 BauGB umfasst der Erschließungsaufwand folgende Kosten: 245

a) Kosten für den Erwerb und die Freilegung der Flächen für die Erschließungsanlagen. Die Gemeinden sind nicht immer Eigentümerinnen der Grundstücke, auf denen ein Baugebiet errichtet werden soll, und müssen diese Grundstücke zwecks Bebauung erwerben. Mit „Freilegung“ sind die baulichen Aktivitäten gemeint, die erforderlich 246 sind, um die Grundstücke, z. B. mit Straßen, überhaupt bebauen zu können. Beispielsweise kann sich auf einem zu bebauenden Grundstück Wald befinden, der beseitigt werden muss.

247 b) Kosten für die erstmalige Herstellung der Erschließungsanlagen. Wichtig: nur die erstmalige Herstellung ist beitragsfähig nach dem BauGB. Hieraus folgt, dass für Erneuerungsmaßnahmen das KAG gilt! Zum Erschließungsaufwand gehören auch
   a. die Einrichtungen für die Entwässerung der Erschließungsanlagen, insbesondere der Anteil der Kanalisation, der zur Ableitung des Regenwassers von den Straßen, Wegen und Plätzen (Oberflächenentwässerung) erforderlich ist, und
   b. Beleuchtungsanlagen, also Laternen. Wesentliche Bestandteile einer Laterne sind der Mast, die Verkabelung, der Leuchtenkopf und die Leuchtmittel. Andere Konstruktionen (z. B. Hochketten) sind ebenfalls möglich.

248 c) Die Kosten für die Übernahme von Anlagen als gemeindliche Erschließungsanlagen stellen ebenfalls Erschließungsaufwand dar. Eine Vorfinanzierung eines Teils oder des kompletten Baugebiets durch einen privaten Investor ist grundsätzlich möglich. Die Gemeinde kann das erschlossene Baugebiet nach Fertigstellung erwerben und diese Anschaffungskosten als Erschließungsaufwand zugrunde legen.

249 Nach § 127 Abs. 3 BauGB kann der Erschließungsbeitrag für den Grunderwerb, die Freilegung und für Teile der Erschließungsanlagen selbstständig erhoben werden (Kostenspaltung). Die Gemeinde hat hier die Möglichkeit, Beiträge nach den beschriebenen Bauabschnitten zu verlangen.

250 Hinzuweisen ist noch auf § 127 Abs. 4 BauGB. Danach bleibt das Recht, Abgaben zu erheben, die nicht Erschließungsanlagen im Sinne der §§ 127 ff. BauGB sind, unberührt. Dies gilt insbesondere für Anlagen zur Ableitung von Abwasser sowie zur Versorgung mit Elektrizität, Gas, Wärme und Wasser.

251 Was ist mit Erschließungsaufwand gemeint?

252 In den § 127 ff. BauGB werden die Begriffe „Erschließungsaufwand" und „Kosten" erwähnt. Die Aufwendungen sind aber keine im Sinne des NKF und die Kosten keine, die wir aus der Kosten- und Leistungsrechnung kennen. Haushaltsrechtlich handelt es sich um investive Auszahlungen, also Auszahlungen gemäß § 78 Abs. 2 Nr. 1 lit. b GO i. V. m. § 3 Abs. 1 Nrn. 20 und 21 GemHVO. Innerhalb der GemHVO werden wiederum die Begriffe „Anschaffungskosten" und „Herstellungskosten" verwendet. Nach § 33 Abs. 2 GemHVO sind Anschaffungskosten die Aufwendungen, die geleistet werden, um einen Vermögensgegenstand zu erwerben und ihn in einen betriebsbereiten Zustand zu versetzen (...), einschließlich Nebenkosten und nachträgliche Anschaffungskosten, abzüglich Minderungen des Anschaffungspreises. Herstellungskosten sind nach § 33 Abs. 3 GemHVO die Aufwendungen, die durch den Verbrauch von Gütern und die Inanspruchnahme von Diensten für die Herstellung eines Vermögegegenstandes, seine Erweiterung oder für eine über seinen ursprünglichen Zustand hinausgehende wesentliche Verbesserung entstehen.(...) Die Bestimmungen orientieren sich an § 255 HGB, sind aber nicht vollständig deckungsgleich.

Die Herstellung z. B. einer Straße führt (nach deren Fertigstellung) zu einem Zugang beim Sachanlagevermögen. Im Gegenzug hat sich das Geldvermögen verringert, sodass in der kommunalen Bilanz insoweit ein Aktivtausch entsteht. Im Finanzplan bzw. in der Finanzrechnung werden die Finanzmittel als Auszahlungen aus Investitionstätigkeit (Kontengruppe 78) veranschlagt bzw. nachgewiesen. 253

Daraus folgt, dass Beiträge investive Einzahlungen im Finanzplan bzw. in der Finanzrechnung (Kontengruppe 68) darstellen. Sie werden als Sonderposten aus Beiträgen (Kontengruppe 23) in der Bilanz ausgewiesen und nach Fertigstellung und Inbetriebnahme des Vermögensgegenstandes gleichlaufend zu den Abschreibungen ertragswirksam aufgelöst (Kontengruppe 43). 254

Ist jeder Erschließungsaufwand beitragsfähig? 255

Nach § 129 Abs. 1 BauGB können Beiträge zur Deckung des nicht anderweitig gedeckten Erschließungsaufwands nur insoweit erhoben werden, als die Erschließungsanlagen erforderlich sind, um die Bauflächen und die gewerblich zu nutzenden Flächen entsprechend den baurechtlichen Vorschriften zu nutzen (= beitragsfähiger Erschließungsaufwand). Die Gemeinde hat hier zu prüfen, welche Anlagen erforderlich sind, um den beschriebenen Zweck zu erfüllen. Nicht jede bauliche Maßnahme ist somit beitragsfähig. 256

Soweit gemäß § 129 Abs. 1 BauGB Anlagen nach § 127 Abs. 2 BauGB von einem privaten Eigentümer hergestellt sind oder von ihm aufgrund baurechtlicher Vorschriften verlangt werden, dürfen Beiträge nicht erhoben werden. In diesen Fällen hat die Gemeinde keinen Erschließungsaufwand, da die Finanzierung der Erschließungsanlage durch den Grundstückseigentümer erfolgt. 257

Generell gilt, dass die Gemeinden mindestens 10 % des beitragsfähigen Erschließungsaufwandes tragen, vgl. § 129 Abs. 1 S. 3 BauGB. 258

Das folgende vereinfachte Beispiel verdeutlicht den Zusammenhang: 259

260

Erschließungsaufwand nach § 128 BauGB	1.000.000 €
davon beitragsfähig nach § 129 BauGB	950.000 €
davon gemeindlicher Mindestanteil 10 %	95.000 €
verbleibender beitragsfähiger Erschließungsaufwand	855.000 €

261 Nach § 130 Abs. 1 BauGB kann der beitragsfähige Erschließungsaufwand nach den tatsächlich entstandenen Kosten oder nach Einheitssätzen ermittelt werden. Die Einheitssätze sind nach den in der Gemeinde üblicherweise durchschnittlich aufzuwendenden Kosten vergleichbarer Erschließungsanlagen festzusetzen. Da auch die Einheitssätze ermittelt und dokumentiert werden müssen und es strittig sein könnte, ob die aktuelle Erschließungsanlage mit anderen gemeindlichen Erschließungsanlagen zu vergleichen ist, wird empfohlen, den beitragsfähigen Erschließungsaufwand auf Basis der tatsächlich entstandenen Kosten zu ermitteln.

262 Der ermittelte beitragsfähige Erschließungsaufwand ist auf die durch die Anlage erschlossenen Grundstücke zu verteilen, vgl. § 131 Abs. 1 S. 1 BauGB. Wichtig ist hierbei, dass mehrfach erschlossene Grundstücke in einer Erschließungseinheit bei der Verteilung des Erschließungsaufwands nur einmal zu berücksichtigen sind, vgl. § 131 Abs. 1 S. 2 BauGB. Verteilt wird der Aufwand nach folgenden Maßstäben, die auch miteinander verbunden werden können, vgl. § 131 Abs. 2 BauGB:

1. der Art und dem Maß der baulichen oder sonstigen Nutzung,
2. den Grundstücksflächen,
3. den Grundstücksbreiten an der Erschließungsanlage.

263 Hier gilt, dass sich die individuelle Belastung des Grundstückseigentümers durch Erschließungsbeiträge an der Nutzung und der Größe seines Grundstücks orientiert.

264 Sämtliche Einzelheiten muss die Gemeinde in einer Erschließungsbeitragssatzung[21] regeln. Hier ist nicht § 2 Abs. 1 KAG, sondern als bundesrechtliche Spezialvorschrift § 132 BauGB anzuwenden. Danach regeln die Gemeinden durch Satzung

1. die Art und den Umfang der Erschließungsanlagen im Sinne des § 129,
2. die Art der Ermittlung und der Verteilung des Aufwands sowie die Höhe des Einheitssatzes,
3. die Kostenspaltung (§ 127 Abs. 3) und
4. die Merkmale der endgültigen Herstellung einer Erschließungsanlage.

265 Gerade der letzte Punkt kann in der Praxis zu Problemen führen. Die Beitragspflicht entsteht gemäß § 133 Abs. 2 BauGB im Regelfall mit der endgültigen Herstellung der Erschließungsanlagen. Schreibt die gemeindliche Satzung beispielsweise vor, dass zur endgültigen Herstellung z. B. Gehwege gehören, so ist die Erschließungsanlage so lange nicht abrechnungsfähig, bis Gehwege errichtet worden sind, außer wenn die Gemeinde im Einzelfall durch Abweichungssatzung beschließt, dass die Erschließungsanlage auch ohne Gehwege abschließend hergestellt ist.

266 Beitragspflichtig ist nach § 134 Abs. 1 BauGB derjenige, der im Zeitpunkt der Bekanntgabe des Beitragsbescheids Eigentümer oder Erbbauberechtigter des Grundstücks ist.

[21] Vgl. z. B. (Bielefeld, 2010); (Hagen, 2008)

Wir betrachten das folgende fiktive Beispiel: 267

268

Errichtung des neuen Wohngebietes (ohne Gehwege) durch die Gemeinde	2017–2018
Verkauf der Grundstücke	2019
Bau von Gehwegen	ab Sept. 2024
Endgültige Herstellung	März 2025
Versand von Beitragsbescheiden	Mai 2025

Im Beispiel hat sich die endgültige Herstellung aus verschiedenen Gründen verzögert (z. B. können ausführende Baufirmen insolvent werden, die Gemeinde kann die Gestaltung umplanen oder Grundstückseigentümer wünschen bauliche Veränderungen gegenüber der Planung). 269

Es ist auch möglich, dass Personen, die ein Grundstück im Jahr 2019 kaufen, es zu einem späteren Zeitpunkt wieder verkaufen (z. B. aufgrund von Trennung der Partnerschaft). Liegt dieser Zeitpunkt z. B. im Jahr 2023, wird der neue Grundstückseigentümer beitragspflichtig. Er hat auch keinen Anspruch auf finanziellen Ausgleich gegen den alten Eigentümer, außer vielleicht, wenn der ehemalige Eigentümer ihm fälschlicherweise die Auskunft gegeben hat, dass Erschließungsbeiträge bereits bezahlt worden seien (dieses ist aber praxisfern). Es wird also dringend empfohlen, bei Erwerb eines „gebrauchten" Hauses oder einer Eigentumswohnung zu prüfen (und sich dieses ggf. durch die Gemeinde bestätigen zu lassen), ob noch Erschließungsbeiträge anfallen. 270

Das Beispiel lässt sich noch fortführen. Zahlt der neue Grundstückseigentümer den Erschließungsbeitrag nicht (z. B. weil er plötzlich arbeitslos geworden ist) und verkauft er sein Grundstück wiederum, ist unter Umständen der letzte Käufer beitragspflichtig, da der Beitrag als öffentliche Last auf dem Grundstück ruht, vgl. § 134 Abs. 2 BauGB. 271

<u>Wann ist ein Erschließungsbeitrag fällig?</u> 272

Nach § 135 BauGB ist der Beitrag im Regelfall einen Monat nach Bekanntgabe des Beitragsbescheides zu zahlen. Im Einzelfall kann der Erschließungsbeitrag in Raten oder Form einer Rente gezahlt werden. Letztere kann auf höchstens zehn Jahre verteilt werden. Der in § 135 Abs. 3 BauGB erwähnte Diskontsatz der Deutschen Bundesbank wurde ab Januar 1999 durch den Basiszinssatz gemäß § 247 BGB abgelöst. Ab dem 1.1.2017 beträgt der Basiszinssatz -0,88 %.[22] 273

[22] Vgl. https://www.bundesbank.de/Redaktion/DE/Standardartikel/Bundesbank/Zinssaetze/basiszinssatz.html

274 Zusammenfassung: Erschließungsbeiträge

- fallen nur bei erstmaliger Herstellung einer Erschließungsanlage an (Wohn- oder Gewerbegebiete),
- werden im Regelfall nur einmal gezahlt,
- stellen investive Einzahlungen dar,
- werden von Grundstückseigentümern oder Erbbauberechtigten gezahlt, die den Beitragsbescheid erhalten,
- sind im Regelfall einen Monat nach Bekanntgabe des Bescheides fällig.

3.5.2 Beiträge nach KAG

275 Sofern das BauGB nicht angewendet wird, sind die Regelungen des § 8 KAG zu prüfen. Nach § 8 Abs. 2 KAG sind Beiträge

1. Geldleistungen,
2. die dem Ersatz des Aufwandes für die Herstellung, Anschaffung und Erweiterung öffentlicher Einrichtungen und Anlagen (...),
3. bei Straßen, Wegen und Plätzen auch für deren Verbesserung,
4. jedoch ohne die laufende Unterhaltung oder Instandsetzung

dienen.

276 Die Vorschrift definiert, was unter Beiträgen im Sinne des KAG zu verstehen ist.

277 Zu 1.: Wie im Abgabenrecht üblich, stellen auch diese Beiträge Geldleistungen dar.

278 Zu 2.: Der Begriff des Aufwands ist identisch mit dem baurechtlichen Begriff des BauGB, nicht mit dem betriebswirtschaftlichen Wertverbrauch. Auch hier werden kommunale Investitionen getätigt, die Begriffe der Anschaffung und Herstellung (vgl. § 33 Abs. 2 und 3 GemHVO) stehen im Zusammenhang mit der Schaffung von oder der Erweiterung bestehender Vermögensgegenstände. Wichtig: Die öffentlichen Einrichtungen oder Anlagen existieren bereits und müssen – im Normalfall nach Ablauf ihrer Nutzungsdauer – vollständig erneuert werden (man spricht hierbei auch von „nachmaliger" Herstellung). Beispiel: Eine Straße wird nach 50 Jahren (in gleichem Umfang und unter Berücksichtigung des technischen Fortschritts) erneuert. In diesem Fall können Beiträge nach § 8 KAG erhoben werden.

279 Zu 3.: Auch Verbesserungen sind beitragsfähig, allerdings nur bei Straßen, Wegen und Plätzen. Der neue Zustand muss sich vom alten deutlich unterscheiden. Beispiel: Eine ehemals asphaltierte Straße wird hochwertig gepflastert.

280 Zu 4.: Instandsetzungen und Unterhaltungsmaßnahmen sind nicht beitragsfähig. Instandsetzungen sind im Wesentlichen mit Reparaturen defekter Teile gleichzusetzen. Zur Unterhaltung gehören u. a. Wartungen, Inspektionen, Reinigung und der Winterdienst.

Werden bei einer Straße z. B. nur einzelne Schäden beseitigt oder nur die obere Schicht (Deckschicht) abgefräst, stellen diese Maßnahmen Unterhaltungsaufwand (dann auch im haushaltsrechtlichen Sinn!) dar. Hierfür können keine Beiträge erhoben werden. 281

Wer muss die Beiträge zahlen? 282

Nach § 8 Abs. 2 KAG sind die Grundstückseigentümer oder Erbbauberechtigten zur Zahlung verpflichtet. Auch hier gilt, dass der Empfänger des Beitragsbescheides zahlungspflichtig ist, sodass die bei den Erschließungsbeiträgen beschriebenen Risiken gleichermaßen gelten. Ebenso lasten auch diese Beiträge als öffentliche Last auf dem Grundstück oder dem Erbbaurecht, vgl. § 8 Abs. 9 KAG. 283

Wofür werden die Beiträge gezahlt? 284

Die Grundstückseigentümer oder Erbbauberechtigten erlangen durch die Möglichkeit der Inanspruchnahme der öffentlichen Einrichtungen oder Anlagen wirtschaftliche Vorteile. Es kommt also nicht auf die tatsächliche Nutzung an. Vielmehr führt die nachmalige Investition zu einem wertmäßig positiven Effekt für die angeschlossenen Grundstücke. 285

Beispiele: 286

- Ein 1.500 m^2 großes Grundstück mit einem alten Einfamilienhaus wird angrenzend durch ein Neubaugebiet noch mal erschlossen. Es könnte durch Teilung des Grundstücks und Erschließung über das Neubaugebiet die Möglichkeit einer weiteren Bebauung bestehen.
- In einer 30 Jahre alten Straße werden einige Verbesserungsmaßnahmen durchgeführt (z. B. Pflaster statt Asphalt, verkehrsreduzierende Maßnahmen).

Wichtig: Was als „Verbesserung" gilt, ist in der Praxis gelegentlich strittig. Vielfach werden Einzelfälle durch gerichtliche Entscheidungen geklärt, sodass das Beitragsrecht in hohem Maße durch Rechtsprechung geprägt ist. 287

Wann ist der Beitrag zu zahlen? 288

Ähnlich wie im Erschließungsbeitragsrecht entsteht die Beitragspflicht mit der endgültigen Herstellung der Einrichtung oder Anlage, wobei auch hier die Möglichkeit der Kostenspaltung oder Abschnittsbildung gegeben ist, vgl. § 8 Abs. 3, 5, 7 KAG. Es können allerdings auch angemessene Vorausleistungen auf die Beitragsschuld verlangt werden, sobald mit der Baumaßnahme begonnen worden ist, vgl. § 8 Abs. 8 KAG. 289

Muss die Gemeinde auch Beiträge an sich selbst zahlen? 290

Bei der Berechnung der Beiträge werden auch gemeindeeigene Grundstücke berücksichtigt, sofern sie innerhalb des Abrechnungsgebiets liegen. Wird z. B. eine Straße erneuert und grenzt eine städtische Grundschule an diese Straße, so wird dieses Grundstück in die Bei- 291 tragsberechnung einbezogen. Die Gemeinde zahlt diesen Beitrag aber nicht im Sinne einer tatsächlichen Einzahlung; vielmehr wird der Anteil als gemeindeeigener Anteil berechnet und bei der Ermittlung der tatsächlichen (außenwirksamen) Beitragsforderungen abgezogen.

292 Begründet wird dieses mit § 8 Abs. 4 KAG. Danach umfasst der Aufwand (nach Abs. 2) auch den Wert, den die von der Gemeinde oder dem Gemeindeverband für die Einrichtung oder Anlage bereitgestellten eigenen Grundstücke bei Beginn der Maßnahme haben. (...) Wenn die Einrichtungen oder Anlagen erfahrungsgemäß auch von der Allgemeinheit oder von der Gemeinde oder dem Gemeindeverband selbst in Anspruch genommen werden, bleibt bei der Ermittlung des Aufwands ein dem wirtschaftlichen Vorteil der Allgemeinheit oder der Gemeinde oder des Gemeindeverbandes entsprechender Betrag außer Ansatz (...). Die gemeindlichen Satzungen über die Erhebung von Beiträgen nach § 8 KAG konkretisieren diese Regelungen. So lauten z. B. die (auszugsweisen) Vorschriften in der Satzung der Stadt Wetter (Ruhr)[23]:

293 § 2 Umfang und Ermittlung des beitragsfähigen Aufwandes

294 (1) Beitragsfähig ist insbesondere der Aufwand für

295 1. den Erwerb (einschließlich der Erwerbsnebenkosten) der für die Herstellung, Erweiterung oder Verbesserung der Anlagen benötigten Grundflächen,

296 *2. von der Stadt Wetter (Ruhr) aus ihrem Vermögen bereitgestellte eigene Grundstücke. Maßgebend für den Aufwand ist der Verkehrswert des Grundstücks bei Beginn der Maßnahme.*

297 3. die Freilegung der für die Herstellung, Erweiterung oder Verbesserung der Anlagen benötigten Grundflächen,

298 4. die Herstellung, Erweiterung und Verbesserung der Fahrbahn mit Unterbau, Tragschichten und Decke sowie für notwendige Erhöhungen und Vertiefungen,

299 5. die Herstellung, Erweiterung und Verbesserung von
   a) Radwegen,
   b) Gehwegen,
   c) kombinierten Rad-/Gehwegen,
   d) Beleuchtungseinrichtungen,
   e) Entwässerungseinrichtungen für die Oberflächenentwässerung der Anlagen,
   f) Rinnen- und Randsteinen,
   g) Böschungen, Schutz- und Stützmauern,
   h) Parkflächen,
   i) unselbständigen Grünanlagen,
   j) Mischflächen (verkehrsberuhigte Bereiche im Sinne der Anlage 3 zu § 42 Abs. 2 StVO Abschnitt 4 Nr. 12 und 13),

[23] Vgl. https://www.stadt-wetter.de/fileadmin/user_upload/Dokumente/Ortsrecht_6/6.2_Aenderung_Neufassung_KAG_Satzung.pdf

6. die Umwandlung einer Straße in eine Fußgängergeschäftsstraße oder Fußgängerstraße, 300

7. die Umwandlung einer Fahrbahn nebst Gehwegen und Parkflächen (sofern vorhanden) in einen verkehrsberuhigten Bereich im Sinne der Anlage 3 zu § 42 Abs. 2 StVO Abschnitt 4 Nr. 12 und 13. 301

(2) Die Fahrbahnen der Ortsdurchfahrten von Bundes-, Landes- und Kreisstraßen sind nur insoweit beitragsfähig, als sie breiter sind als die anschließenden freien Strecken. 302

(3) Nicht beitragsfähig sind die Kosten 303

1. für die laufende Unterhaltung und Instandsetzung der Straßen, Wege und Plätze, 304

2. für Hoch- und Tiefstraßen sowie für Straßen, die für den Schnellverkehr mit Kraftfahrzeugen bestimmt sind (Schnellverkehrsstraßen), ferner für Brücken, Tunnels und Unterführungen mit den dazugehörigen Rampen. 305

(4) Der beitragsfähige Aufwand wird nach den tatsächlichen Aufwendungen ermittelt. 306

§ 3 Anteil der Stadt Wetter (Ruhr) und der Beitragspflichtigen am Aufwand 307

(1) Die Stadt Wetter (Ruhr) trägt den Teil des Aufwandes, der 308
a) auf die Inanspruchnahme der Anlagen durch die Allgemeinheit entfällt und
b) bei der Verteilung des Aufwandes auf ihre eigenen Grundstücke entfällt.

Überschreiten Anlagen die nach Abs. 3 anrechenbaren Breiten, so trägt die Stadt Wetter (Ruhr) den durch die Überschreitung verursachten Mehraufwand allein. Der übrige Teil des Aufwandes ist von den Beitragspflichtigen zu tragen. 309

(...)

<u>Wie hoch sind die Beiträge nach § 8 KAG?</u> 310

Generell gilt, dass die Beiträge im Regelfall deutlich geringer ausfallen als bei Maßnahmen nach dem BauGB. Dieses liegt einerseits daran, dass Neubaumaßnahmen im Regelfall teurer ausfallen als die Wiederherstellung, wobei diese Aussage nur für relativ gleiche Zeiträume gilt. Betrachtet man z. B. die Wiederherstellung einer Straße nach 50 Jahren, so ist es wahrscheinlich, dass der erstmalige Bau im Jahr 1967 nominal günstiger war als die Wiederherstellung im Jahr 2017, was im Wesentlichen auf die Preisentwicklung zurückzuführen ist. Betrachtet man z. B. den Baupreisindex für den Straßenbau in NRW[24], so kostete eine Baumaßnahme aus 2010 im Wert von 100.000 € im Februar 2017 bereits 116.900 €, im Jahr 1968 lag sie dagegen rechnerisch bei 26.200 €. 311

---

[24] Vgl. ((Hrsg.) IT.NRW, Ausgewählte Baupreisindizes (Bauleistungen am Bauwerk) in NRW, 2018)

312 Ein weiterer Unterschied ist auf die prozentuale Beteiligung der Beitragspflichtigen zurückzuführen. Im Erschließungsbeitragsrecht nach BauGB ist der Anteil der Beitragspflichtigen mit höchstens 90 % am beitragsfähigen Aufwand vergleichsweise hoch. Dagegen werden die Beitragspflichtigen im Rahmen von Maßnahmen nach § 8 KAG unterschiedlich belastet. Hier variieren die Anteile zwischen 5 und 60 %, nachfolgend gemäß § 3 der Beitragsatzung der Stadt Wetter (Ruhr):

313 1. Anliegerstraßen
   a) Fahrbahn: 50 v. H.
   b) Radweg einschl. Sicherheitsstreifen: 50 v. H.
   c) Parkflächen: 60 v. H.
   d) Gehweg: 60 v. H.
   (...)

314 3. Hauptverkehrsstraßen
   a) Fahrbahn: 10 v. H.
   b) Radweg einschl. Sicherheitsstreifen: 10 v. H.
   c) Parkflächen: 50 v. H.
   d) Gehweg: 50 v. H.
   e) kombinierte Rad-/Gehwege: 30 v. H.
   f) Beleuchtung und Oberflächenentwässerung: 30 v. H.
   g) unselbständige Grünanlagen: 50 v. H.

315 4. Hauptverkehrsstraßen im Außenbereich
   a) Fahrbahn: 5 v. H.
   b) Gehweg: 10 v. H.
   c) Radweg einschl. Sicherheitsstreifen: 5 v. H.
   d) kombinierte Rad-/Gehwege: 15 v. H.
   e) Beleuchtung und Oberflächenentwässerung: 5 v. H.

316 Die unterschiedliche Belastung der Beitragspflichtigen ist maßgeblich in Abhängigkeit von der Art der Anlage und daraus folgend mit dem Umfang der Nutzung durch die Allgemeinheit begründet. Während in Anliegerstraßen vergleichsweise wenig Allgemeinverkehr stattfindet, stellt sich die Situation an Hauptverkehrsstraßen völlig anders dar. Hier wird noch zwischen dem baurechtlichen Innen- und Außenbereich differenziert. Flächen im Außenbereich werden vielfach landwirtschaftlich genutzt und verkehrlich als Verbindung zu anderen Gemeinden in Anspruch genommen, sodass die Beteiligung der beitragspflichtigen Grundstückseigentümer relativ gering ausfällt.

317 Für die Höhe der Beiträge sind u. a. die Grundstücksflächen, die Zahl der Vollgeschosse der auf dem Grundstück befindlichen Gebäude und die Nutzungsart des Grundstücks maßgeblich. Einzelheiten können den jeweiligen Satzungen entnommen werden,[25] wobei die jeweilige Berechnung der Beiträge recht komplex ist. Insoweit wird hier auf ein Berechnungsbeispiel verzichtet.

[25] Vgl. z. B. §§ 5–9 der Satzung der Stadt Wetter (Ruhr) über die Erhebung von Beiträgen gemäß § 8 KAG, a. a. O.

Sieht das KAG noch weitere Beiträge vor? 318

§ 9 KAG sieht die Möglichkeit vor, **besondere Wegebeiträge** zu erheben. Diese Erhebung betrifft Straßen, die im Wesentlichen landwirtschaftlich oder gewerblich genutzt werden. Sofern diese hierdurch außergewöhnlich beansprucht werden, können die Mehraufwendungen, die aufgrund der höheren Beanspruchung entstehen, von den Grundstückseigentümern bzw. Unternehmen verlangt werden. 319

§ 10 Abs. 1 KAG bestimmt, dass Gemeinden oder Gemeindeverbände bestimmen können, 320 dass ihnen der Aufwand für die Herstellung, Erneuerung, Veränderung und Beseitigung sowie die Kosten für die Unterhaltung eines **Haus- und Grundstücksanschlusses** an Versorgungsleitungen und Abwasserbeseitigungsanlagen **ersetzt** werden. Werden z. B. Wohnhäuser errichtet, müssen diese an die Versorgungsleitungen und im Regelfall an die Kanalisation angeschlossen werden. Die Kosten (und die bauliche Verantwortung) für diesen Anschluss trägt entweder unmittelbar der Grundstückseigentümer oder, sofern die Gemeinde ihr Gestaltungsrecht nach § 10 KAG ausübt, zunächst die Gemeinde. Die Grundstückseigentümer sind danach zum Ersatz der Aufwendungen bzw. Kosten verpflichtet. Auch hier ist mit „Aufwand" der Anschaffungs- und Herstellungsaufwand gemeint, also eine Investition, wohingegen sich die „Kosten" auf die Unterhaltung eines Haus- oder Grundstücksanschlusses beziehen. Im Unterschied zum Beitrag nach § 127 f. BauGB oder § 8 KAG beinhaltet § 10 KAG Regelungen zur (vollständigen) Erstattung der Investitionsauszahlungen und der laufenden Kosten, z. B. der Inspektion, Wartung oder Reparatur des Haus- oder Grundstücksanschlusses. Darüber hinaus haben die Gemeinden und Gemeindeverbände das Recht, die Anschlüsse als Bestandteile der öffentlichen Anlagen zu bestimmen, vgl. § 10 Abs. 3 KAG.

Schließlich enthält § 11 KAG Regelungen zu den **Kurbeiträgen** und **Fremdenverkehrsbeiträgen**. 321

Kurbeiträge werden umgangssprachlich als „Kurtaxe" bezeichnet. Nur Gemeinden, die 322 ganz oder teilweise als Kurort anerkannt sind, dürfen Kurbeiträge erheben. Informationen über Kurorte sind im Internet reichlich vorhanden.[26] Die Kurbeiträge werden für die Herstellung, Anschaffung, Erweiterung und Unterhaltung der zu Heil- und Kurzwecken in dem anerkannten Gebiet bereitgestellten Einrichtungen und Anlagen sowie für die zu diesem Zweck durchgeführten Veranstaltungen erhoben. Der Umfang der Beitragspflicht geht somit über denjenigen z. B. des § 8 KAG deutlich hinaus, da auch die Unterhaltung der Kureinrichtungen und kurbezogene Veranstaltungen beitragspflichtig sind, vgl. § 11 Abs. 1 KAG. Der Kurbeitrag ist nach § 11 Abs. 2 KAG von Personen, die im Kurgebiet eine Unterkunft beziehen, als Gegenleistung dafür zu zahlen, dass sie die Möglichkeit haben, die Kureinrichtungen und -anlagen zu nutzen und an den Veranstaltungen teilzunehmen. Personen, die eine alleinige Wohnung oder eine Hauptwohnung im Sinne des Melderechts (jetzt: § 21 Abs. 1 des Bundesmeldegesetzes, früher: § 16 Abs. 1 des Meldegesetzes NRW) bewohnen, sind von der Beitragspflicht nicht betroffen. Entscheidend für die Beitrags-

[26] Z. B. ((Hrsg.) Tourismus NRW e. V., 2018)

pflicht ist aber nicht, dass Kureinrichtungen tatsächlich genutzt werden, sondern dass die Möglichkeit der Nutzung besteht. Insoweit ist das Tatbestandsmerkmal des „Beziehens einer Unterkunft im Kurgebiet" ausschlaggebend. In der Praxis werden die Kurbeiträge von den Vermietern eingezogen und an die Gemeinde weitergeleitet, vgl. § 11 Abs. 3 KAG. Es ist allerdings auch möglich, dass von Personen, die außerhalb des Kurgebietes oder der Gemeinde eine Unterkunft beziehen, ein Kurbeitrag erhoben werden kann, sofern diese Personen sich zu Heil- und Kurzwecken am Ort aufhalten; dieser Beitrag kann niedriger ausfallen, vgl. § 11 Abs. 2 Satz 2 bis 4 KAG. Interessanterweise wird an dieser Stelle auf § 6 KAG verwiesen, vgl. § 11 Abs. 2 KAG, da es bereits aus praktischen Erwägungen besser möglich ist, für bestimmte Kureinrichtungen Benutzungsgebühren zu erheben und die Inhaber einer Kurkarte (die also einen Kurbeitrag gezahlt haben) von dieser Gebührenpflicht zu befreien. Näheres, z. B. die Höhe des Kurbeitrages, Beginn und Ende der Beitragspflicht, der Umfang des Kurgebietes oder das Verfahren zum Einzug des Kurbeitrages, wird in einer Beitragssatzung geregelt.[27]

323 Während der Kurbeitrag – vereinfacht – von den Kurgästen gezahlt wird, ist der Fremdenverkehrsbeitrag von den Personen und Unternehmen zu zahlen, denen durch den Fremdenverkehr unmittelbar oder mittelbar besondere wirtschaftliche Vorteile geboten werden; eine vorübergehende Erwerbstätigkeit in der Gemeinde reicht für die Beitragspflicht aus, vgl. § 11 Abs. 4 und 5 KAG. Der Fremdenverkehrsbeitrag kann für die Fremdenverkehrswerbung und für die Herstellung, Anschaffung, Erweiterung und Unterhaltung der zu Fremdenverkehrszwecken bereitgestellten Einrichtungen und Anlagen sowie für diesen Zweck durchgeführten Veranstaltungen erhoben werden. Erhebungsberechtigt ist allerdings nicht jede Gemeinde, in der Touristen übernachten, sondern nur die Gemeinden, die nach dem Kurortegesetz ganz oder teilweise als Kurort oder als Erholungsort anerkannt sind, sowie die Gemeinden, in denen die Zahl der Fremdübernachtungen im Jahr in der Regel das Siebenfache der Einwohnerzahl übersteigt. Einzelheiten werden auch hier in einer Beitragssatzung geregelt.[28]

[27] Z. B. (Bad Sassendorf, 2017)
[28] Vgl. z. B. (Stadt Winterberg, 2017); (Gemeinde Möhnesee, 2010)

3.5.3 Vergleich zwischen Benutzungsgebühren und Beiträgen

Sowohl Benutzungsgebühren als auch Beiträge sind den „speziellen Entgelten“ zuzurechnen, für beide Abgabearten erhält man eine (unterschiedliche) Gegenleistung. Nachfolgend werden die wichtigsten Unterschiede aufgezeigt: 324

325

Beiträge	Benutzungsgebühren
... sind eine Gegenleistung für **wirtschaftliche Vorteile** durch die **Möglichkeit der Inanspruchnahme** einer öffentlichen Einrichtung oder Anlage.	... sind eine Gegenleistung für die **konkrete Benutzung** einer öffentlichen Einrichtung oder Anlage.
... decken **Investitionsauszahlungen** für die öffentliche Einrichtung oder Anlage (Herstellung, Anschaffung, Erweiterung oder Verbesserung) maßgeblich ab.	... decken **betriebswirtschaftliche Kosten** der öffentlichen Einrichtung oder Anlage.
... werden als **investive Einzahlungen** im Finanzplan bzw. der Finanzrechnung vereinnahmt.	... werden als **Erträge** im Ergebnisplan bzw. der Ergebnisrechnung sowie als **Einzahlungen aus laufender Verwaltungstätigkeit** im Finanzplan bzw. der Finanzrechnung vereinnahmt.
... werden als **Sonderposten** oder als erhaltene Anzahlung auf Sonderposten in der **Bilanz** gebucht und nach Aktivierung des Vermögensgegenstandes **ertragswirksam aufgelöst**.	... erhöhen als Erträge (über die Ergebnisrechnung) das **Eigenkapital** in der Bilanz.
... werden von **Grundstückseigentümern oder Erbbauberechtigten** entrichtet.	... werden von **sämtlichen Benutzern** der öffentlichen Einrichtung oder Anlage gefordert.

4 Kommunale Steuern

4.1 BERECHNUNG VON GRUNDSTEUER UND GEWERBESTEUER – BEZIEHUNG ZU STAATLICHER AUFGABENVERWALTUNG

326 Das Aufkommen der Grund- und Gewerbesteuern steht gemäß Art. 106 Abs. 6 GG den Gemeinden zu. Sie werden als Realsteuern bezeichnet, vgl. § 3 Abs. 2 AO. Realsteuern sind Steuern, die auf das Eigentum an bestimmten Besteuerungsobjekten bzw. Vermögensgegenständen erhoben werden. Sie werden auch als **Objekt- oder Sachsteuern** bezeichnet und von denjenigen Abgabepflichtigen erhoben, denen die Vermögensgegenstände zuzurechnen sind. Die (einkommensbezogene) Leistungsfähigkeit dieser Personen bleibt anders als z. B. bei der Einkommensteuer unbeachtet. Im Fall der Gewerbesteuer ist das **Eigentum an einem Gewerbebetrieb** das Besteuerungsobjekt. Im Fall der Grundsteuer ist demgegenüber das **Eigentum an Grundstücken** (inkl. deren Bebauung) das Besteuerungsobjekt. Hier wird zwischen der Grundsteuer A (land- und forstwirtschaftliche Betriebe/Grundstücke) und der Grundsteuer B (alle übrigen bebauten und bebaubaren Grundstücke) unterschieden.[29]

327 Grund- und Gewerbesteuern sind in Bundesgesetzen geregelt, da der Bund von seinem Recht der konkurrierenden Gesetzgebung Gebrauch gemacht hat, vgl. Art. 105 Abs. 2 GG. Der Bundesrat muss den Gesetzen (und eventuellen Änderungen) allerdings zustimmen, vgl. Art. 105 Abs. 4 GG.

328 Auch wenn die Gemeinden zunächst ausschließlich vom Steueraufkommen profitieren – eine Ausnahme stellt die Gewerbesteuerumlage dar, die im Kapitel 6.3 näher erläutert wird –, sind für die Bereitstellung der notwendigen Berechnungsdaten die Finanzämter zuständig. Insoweit müssen hier staatliche und kommunale Ebenen sinnvoll miteinander agieren, was insbesondere bei der Gewerbesteuer relevant ist. Das Grundgesetz sieht in Art. 108 Abs. 2 vor, dass u. a. die Grund- und Gewerbesteuern durch Landesfinanzbehörden verwaltet werden. Nach Art. 108 Abs. 4 GG kann die Zuständigkeit für die Steuerverwaltung derjenigen Steuern, die ausschließlich den Gemeinden oder Gemeindeverbänden zufließen, ganz oder teilweise auf die Gemeinden bzw. Gemeindeverbände übertragen werden.

329 In Nordrhein-Westfalen ist durch das Gesetz über die Zuständigkeit für die Festsetzung und Erhebung der Realsteuern vom 16. Dezember 1981 (GV. NRW. 1981 S. 732) in § 1 geregelt, dass die hebeberechtigten Gemeinden für die Festsetzung und Erhebung der Realsteuern zuständig sind. Nach § 2 Abs. 1 wird die Bekanntgabe oder Zustellung der von den Finanzämtern erlassenen Gewerbesteuermessbescheide den hebeberechtigten Gemeinden übertragen; die Finanzämter bleiben hierfür allerdings auch berechtigt.

330 Zwischenergebnis: Die Finanzämter bearbeiten Berechnungsgrundlagen für die Grund- und Gewerbesteuer, haben aber (im Fall der Grundsteuern) keine Vorteile von der Bearbeitung. „Dafür“ verschicken die Gemeinden Gewerbesteuermessbescheide für die Finanzämter.

[29] Vgl. (Haushaltssteuerung.de, 2017)

4.1.1 Grundsteuer

Die Grundsteuer ist in ihren Ursprüngen viele Jahrhunderte alt. Bereits bei den Römern, Griechen oder Ägyptern existierte diese Form der Abgabe. Zumeist wurde der Ertrag des Bodens besteuert. Im Mittelalter wandelte sich die Steuer zu einer – allerdings nicht einheitlichen – Abgabe auf den Besitz von Grund und Boden. In Preußen wurde eine einheitliche Grundsteuer im Mai 1861 beschlossen. Die Umsetzung war eine „Mammutaufgabe", da die reformierte Grundsteuer ab 1865 erhoben werden sollte und bis dahin ein Grundstückskataster aufgebaut und jedes Grundstück einzeln vermessen werden musste, um das Prinzip der gerechten Besteuerung erfüllen zu können. 331

Das Grundsteuergesetz existiert als einheitliches Recht, das unterschiedliche Landesregelungen ablöste, seit 1936.[30] Es ist seitdem mehrfach geändert worden. In seiner heutigen Struktur existiert es seit 1973. 332

Das Heberecht in § 1 Abs. 1 GrdStG besagt, dass die Gemeinde bestimmt, ob von dem in ihrem Gebiet liegenden Grundbesitz Grundsteuer zu erheben ist. Die Gemeinde hat somit Entschließungsermessen; ein Mindesthebesatz ist nicht vorgesehen, sodass auf die Erhebung theoretisch verzichtet werden könnte. In der Praxis ist diese Regelung nicht relevant, nur die Gemeinde Büsingen (an die Schweiz grenzend) verzichtet auf die Erhebung der Grundsteuer.[31] 333

Das Steueraufkommen (tatsächliche Einzahlungen) betrug in NRW im Jahr 2016 rd. 46,3 Millionen Euro für die Grundsteuer A und rd. 3,6 Milliarden Euro für die Grundsteuer B.[32] Die Grundsteuer zählt zu den wichtigsten Gemeindesteuern. Zudem ist sie konjunkturunabhängig und das Aufkommen kann zuverlässig geplant werden. Daher wäre ein Verzicht grundsätzlich nicht nachzuvollziehen, erst recht nicht in Anbetracht der haushaltswirtschaftlichen Situation der meisten Städte und Gemeinden in NRW. 334

Was wird nach dem GrdStG besteuert? 335

Im Steuerrecht spricht man allgemein von einem Steuergegenstand. Nach § 2 GrdStG ist dieser der Grundbesitz im Sinne des Bewertungsgesetzes. Es wird unterschieden in 336

1. die Betriebe der Land- und Forstwirtschaft,
2. die (sonstigen) Grundstücke.

Die Bezeichnungen „Grundsteuer A" und „Grundsteuer B" werden im GrdStG nicht genannt, sondern werden in § 6 Nrn. 1.1 und 1.2 der kommunalen Haushaltssatzung[33] verwendet. 337

---

[30] Vgl. Wissenschaftliche Dienste des Bundestages, 2010, https://www.bundestag.de/blob/406526/8794f128d456f5868574bdd10b7bc524/wd-4-286-10-pdf-data.pdf

[31] (Gemeinde Büsingen, kein Datum)

[32] Vgl. (Landesbetrieb Information und Technik Nordrhein-Westfalen, 2018)

[33] Vgl. VV Muster zur GO und GemHVO, Anlage 1

338 Das GrdStG verweist also auf das Bewertungsgesetz. Auch dieses Gesetz ist ein Bundesgesetz. Danach muss der Wert des möglichst objektiven Verkaufserlöses ermittelt werden. Dieser Wert wird als Verkehrswert oder gemeiner Wert bezeichnet (§ 9 BewG). Zur Besteuerung entsteht hieraus der Einheitswert (= Wert für die Grundstückseinheit). Bewertungseinheit ist jede wirtschaftliche Einheit (§ 2 Abs. 1 S. 1 BewG).

339 Nach dem Bewertungsgesetz sollen die Einheitswerte zu verschiedenen Zeitpunkten bzw. Anlässen ermittelt werden. Diese sind:

340 a) Die **Hauptfeststellung** (§ 21 BewG): Danach werden die Einheitswerte alle sechs Jahre neu ermittelt. Die Hauptfeststellung wird in der Praxis nicht durchgeführt! Grundsteuerlich folgt hieraus die **Hauptveranlagung** (§ 16 GrStG).

341 b) Die **Nachfeststellung** (§ 23 BewG): Hierbei erfolgt die erstmalige Feststellung des Einheitswertes zwischen zwei Hauptfeststellungszeitpunkten, z. B. bei der Bildung von neuen wirtschaftlichen Einheiten. Grundsteuerlich folgt hieraus die **Nachveranlagung** (§ 18 GrStG).

342 c) Die **Fortschreibung** (§ 22 BewG) des durch Haupt- oder Nachfeststellung ermittelten Einheitswertes, wenn sich Wert, Nutzungsart oder Eigentum an dem Grundstück ändern, z. B. durch Anbauten oder Neubebauungen. Formen der Fortschreibung sind die
   a) Wertfortschreibung (zu beachten: Wertgrenzen nach § 22 Abs. 1 BewG),
   b) Artfortschreibung (§ 22 Abs. 2 BewG; z. B. wird ein forstwirtschaftliches Grundstück in Bauland umgewandelt),
   c) Zurechnungsfortschreibung (§ 22 Abs. 2 BewG; bei Änderung in den Eigentums- oder sonstigen grundstücksrelevanten Zurechnungsverhältnissen).

343 Grundsteuerlich folgt hieraus die **Neuveranlagung** (§ 17 GrStG).

344 Wie werden die Grundstücke bewertet?

345 Bei der Bewertung wird unterschieden in:

a) **Bewertung von land- und forstwirtschaftlichen Betrieben** (§§ 33–62 BewG). Hier wird der gesamte Betrieb als Vermögenseinheit wie folgt bewertet:

   Grundstückswert einschließlich Gebäude (= Wohnungswert) + Ertragswert der land- und forstwirtschaftlichen Grundstücksteile (= Wirtschaftswert).

   Da die land- und forstwirtschaftlichen Betriebe keine Gewerbebetriebe i. S. d. § 2 Abs. 3 GewStG sind, entsteht bei diesen Betrieben durch die Zuordnung zur Grundsteuer eine Realsteuerverpflichtung.

Berechnung (vereinfacht): 346

Wohnteil abzüglich vermietete Gebäudeteile und Wohnungen (kein land- und forstwirtschaftlicher Betrieb; hier erfolgt die Veranlagung zur Grundsteuer B)

= Wohnwert

- 15 % (§ 47 S. 3 BewG)

+ Wirtschaftsteil

= Gesamtwert in DM

- abgerundet auf volle 100 DM
- Umrechnung in €
- abgerundet auf volle €

= Einheitswert

b) **Bewertung unbebauter Grundstücke** (§§ 72–73 BewG) 347

Berechnung (vereinfacht):

Durchschnitts-m^2-Preis (lt. Bodenrichtwertkarte) x m^2-Zahl des Grundstücks

= Grundbodenwert

+/- Besonderheiten, die der Durchschnitts-m^2-Preis nicht berücksichtigt (z. B. Hanglage)

= gemeiner Wert (Verkehrswert)

- abgerundet auf volle 100 DM
- Umrechnung in €
- abgerundet auf volle €

= Einheitswert

c) **Bewertung bebauter Grundstücke** (§§ 74 ff. BewG): bewertet wird nach 348

- dem **Ertragswertverfahren** (für Mietwohn-, Geschäfts- und gemischt genutzte Grundstücke, Ein- und Zweifamilienhäuser; § 76 Abs. 1 BewG) oder
- dem **Sachwertverfahren** (für sonstige Grundstücke, z. B. Wochenendhäuser, Fabrikgebäude, Vereinshäuser, Schützenhallen); das Sachwertverfahren wird angewendet, wenn Mieterträge nicht vorliegen bzw. nicht maßstabsgerecht sind.

349 Berechnung nach dem Ertragswertverfahren (vereinfacht):

Jahresrohmiete (§ 79 BewG)

x Vervielfältiger (§ 80 BewG)

= vorläufiger Grundstückswert

- außergewöhnliche Grundsteuerbelastung (§ 81 BewG)

+/- Besonderheiten (§ 82 BewG)

= Grundstückswert (Verkehrswert)

- abgerundet auf volle 100 DM
- Umrechnung in €
- abgerundet auf volle €

= Einheitswert

350 Bewertung nach dem Sachwertverfahren (vereinfacht):

Bodenwert (§ 84 BewG)

+ Gebäudewert (§ 85 BewG) abzüglich Wertminderung wegen Alters (§ 86 BewG), baulicher Mängel oder Schäden (§ 87 BewG) oder sonstigen Ermäßigungen (§ 88 BewG) zuzüglich Erhöhungen (§ 88 BewG)

+ Wert der Außenanlagen (§ 89 BewG)

x Wertzahl (§ 90 BewG)

= Grundstückswert (Verkehrswert)

- abgerundet auf volle 100 DM
- Umrechnung in €
- abgerundet auf volle €

= Einheitswert

351 Die Einheitswerte werden in den „alten" Bundesländern auf den Hauptfeststellungszeitpunkt 1.1.1964 berechnet, in den „neuen" Bundesländern auf den 1.1.1935. Hintergrund dieses Verfahrens ist, dass Einheitswerte erstmals zum 1.1.1935 eingeführt wurden. Nach dem Zweiten Weltkrieg wurde eine Hauptfeststellung – nur in der Bundesrepublik Deutschland – mit den Einheitswerten zum 1.1.1964 durchgeführt und zum 1.1.1974

erstmalig angewendet (vgl. § 37 GrdStG; hier wird auf das Bewertungsänderungsgesetz 1971 verwiesen), allerdings nie wiederholt. Im Ergebnis sind die Einheitswerte deutlich geringer als die aktuellen Verkehrswerte, wie im nachfolgenden Beispiel dargestellt wird (hier beträgt der Einheitswert rd. 37.000 €, der Verkehrswert liegt bei ca. 270.000 €):

352

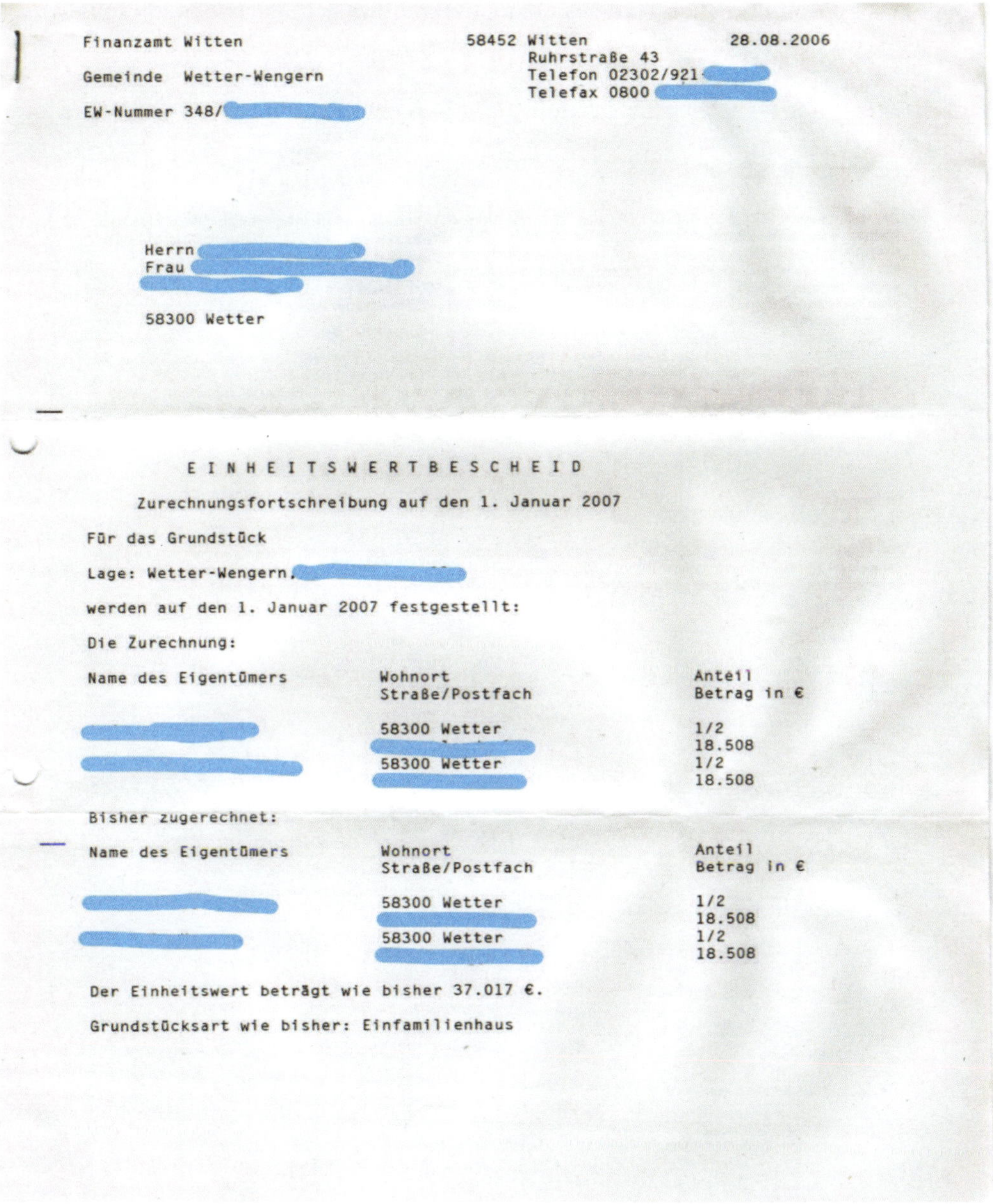

Finanzamt Witten — 58452 Witten, Ruhrstraße 43 — 28.08.2006
Telefon 02302/921[redacted]
Telefax 0800 [redacted]

Gemeinde Wetter-Wengern

EW-Nummer 348/[redacted]

Herrn [redacted]
Frau [redacted]
[redacted]

58300 Wetter

E I N H E I T S W E R T B E S C H E I D

Zurechnungsfortschreibung auf den 1. Januar 2007

Für das Grundstück

Lage: Wetter-Wengern, [redacted]

werden auf den 1. Januar 2007 festgestellt:

Die Zurechnung:

Name des Eigentümers	Wohnort Straße/Postfach	Anteil Betrag in €
[redacted]	58300 Wetter [redacted]	1/2 18.508
[redacted]	58300 Wetter [redacted]	1/2 18.508

Bisher zugerechnet:

Name des Eigentümers	Wohnort Straße/Postfach	Anteil Betrag in €
[redacted]	58300 Wetter [redacted]	1/2 18.508
[redacted]	58300 Wetter [redacted]	1/2 18.508

Der Einheitswert beträgt wie bisher 37.017 €.

Grundstücksart wie bisher: Einfamilienhaus

353 <u>Wie erfolgt die Festsetzung des Einheitswerts?</u>

354 Zunächst teilt der Grundstückseigentümer dem Finanzamt die notwendigen Daten betreffend seines land- oder forstwirtschaftlichen Betriebs oder sonstigen Grundstücks in Form einer Steuererklärung mit. Die Bewertungsstelle des Finanzamtes ermittelt daraufhin den Einheitswert und teilt diesen dem Grundstückseigentümer in Form des Einheitswertbescheides (s. o.) sowie der Gemeindeverwaltung mit (§ 180 Abs. 1 Nr. 1 AO).

355 Danach erfolgt der weitere Schritt, nämlich die Berechnung und Festsetzung des <u>Steuermessbetrages</u>.

356

Finanzamt Witten 58452 Witten 28.08.06
Ruhrstraße 43
Gemeinde Wetter-Wengern Telefon 02302/921[redacted]
Telefax 0800 [redacted]

EW-Nummer: 348/[redacted]

Herrn [redacted]
Frau [redacted]

58300 Wetter

G R U N D S T E U E R M E S S B E S C H E I D

Neuveranlagung auf den 1. Januar 2007

Für das Einfamilienhaus

Lage: Wetter-Wengern,[redacted]

beträgt der Grundsteuermessbetrag wie bisher 96,24 €.
Der Grundsteuermessbetrag ist nicht an die Finanzkasse zu entrichten.
Er dient der Gemeinde zur Festsetzung der Grundsteuer.
Über die Höhe des an die Gemeindekasse zu zahlenden Betrages
erteilt Ihnen die Gemeinde einen besonderen Bescheid.

Name des Steuerschuldners	Wohnort / Straße
[redacted]	58300 Wetter [redacted]
[redacted]	58300 Wetter [redacted]

Der Bescheid ergeht an Sie mit Wirkung für und gegen alle Miteigentümer.

Der Grundsteuermessbetrag kann nicht mehr angefochten werden,
sofern er bereits bestandskräftig geworden ist.

Rechtsbehelfsbelehrung und allgemeine Erläuterungen siehe Rückseite.

Der Steuermessbetrag wird wie folgt ermittelt: 357

Steuermessbetrag = Einheitswert x Steuermesszahl (§§ 13–15 GrStG) 358

Die Steuermesszahlen sind nachfolgend aufgeführt: 359

360

Betriebe der Land- und Forstwirtschaft:	6 v. T.
Grundstücke i. d. R.:	3,5 v. T.
Einfamilienhäuser:	2,6 v. T. für die ersten 38.346,89 € des Einheitswertes oder seines steuerpflichtigen Teils und 3,5 v. T. für den Rest des Einheitswerts
Zweifamilienhäuser:	3,1 v. T.

Der Steuermessbetrag wird ebenfalls durch das Finanzamt ermittelt und dem Grundstücks- 361
eigentümer als Steuermessbescheid und der zuständigen Gemeinde mitgeteilt (§ 184 AO).

Nach Bekanntgabe des Steuermessbetrages berechnet die Gemeinde die Grundsteuer, indem 362
der **Steuermessbetrag** mit dem gemeindlichen **Hebesatz multipliziert** wird.

Die Hebesätze für die Grundsteuer A und B werden von der Gemeinde festgesetzt (§ 25 363
Abs. 1 i. V. m. § 46 GrdStG), entweder innerhalb der Haushaltssatzung nach § 78 Abs. 2 Nr. 4 GO oder in Form einer gesonderten Hebesatzsatzung nach § 25 GrdStG. In beiden Fällen erfolgt die Beschlussfassung durch den Rat (vgl. § 41 Abs. 1 lit. f und h GO). Die Hebesätze müssen für das Gemeindegebiet jeweils einheitlich sein, vgl. § 25 Abs. 4 GrdStG, und dürfen rückwirkend zum 1.1. eines Jahres erhöht werden, sofern der Rat hierüber bis zum 30.6. eines Jahres beschließt, vgl. § 25 Abs. 3 GrdStG.

Die Grundsteuer wird für ein Kalenderjahr festgesetzt. Sofern der Hebesatz für mehrere 364
Kalenderjahre gilt, kann die Festsetzung auch für die einzelnen Kalenderjahre dieses Zeitraums erfolgen, vgl. § 27 Abs. 1 GrdStG. Im Regelfall wird die Grundsteuer jeweils zur Quartalsmitte fällig, also am 15.2., 15.5., 15.8. und 15.11. eines Jahres, vgl. § 28 Abs. 1 GrdStG. Ausnahmen sind in den Absätzen 2 und 3 geregelt. Danach können Kleinbeträge bis zu einer Höhe von 15 oder 30 Euro zu anderen Fälligkeiten geleistet werden. Des Weiteren kann der Steuerpflichtige die Steuer auf Antrag in voller Höhe zum 1.7. eines Jahres entrichten.

Im Regelfall werden nach Bekanntmachung der Haushalts- oder Hebesatzsatzung Grund- 365
steuerbescheide erlassen. In der Praxis erfolgt der Versand sinnvollerweise mindestens einen Monat vor dem ersten Fälligkeitstermin, also bis Mitte Januar. Der Versand erfolgt auf jeden Fall nach einer Hebesatzänderung. Grundsätzlich besteht die Möglichkeit, die Grundsteuer durch öffentliche Bekanntmachung, z. B. in der Tageszeitung oder im Internet, festzusetzen, allerdings nur für diejenigen Steuerschuldner, die die gleiche Grundsteuer wie im Vorjahr zu zahlen haben. Die Rechtswirkungen der öffentlichen Bekanntmachung, z. B. Rechtsbehelfe, sind identisch mit den Regelungen im Steuerbescheid, vgl. § 27 Abs. 3 GrdStG. In der

366 Praxis führt das Verfahren allerdings gelegentlich dazu, dass insbesondere Steuerpflichtige, die keine Einzugsermächtigung erteilt haben, nicht in der Gemeinde wohnen oder keine Tageszeitung beziehen (oder eine beziehen und keine öffentlichen Bekanntmachungen lesen), zunächst keine Grundsteuer zahlen, sondern auf den Steuerbescheid warten und „stattdessen" einige Tage nach dem Fälligkeitszeitpunkt der ersten Zahlung eine Mahnung erhalten. Die Reaktionen hierauf sind durchaus gemischt, nähere Ausführungen erspart sich der Verfasser. Aus praktischen Erwägungen sollte daher von der öffentlichen Bekanntmachung nach § 27 GrdStG abgesehen werden.

367 Ein Grundsteuerbescheid kann wie folgt aussehen:

368

stadt wetter (ruhr)
Der Bürgermeister
Fachdienst Finanzen

Kaiserstraße 170
58300 Wetter (Ruhr)
Internet: www.stadt-wetter.de

Stadt Wetter (Ruhr) Postfach 146 58287 Wetter (Ruhr)

DV Deutsche Post

Herrn/Frau/Firma
[redacted]
58300 Wetter (Ruhr)

Auskunft zur Grundsteuer erteilt:
Frau [redacted] Tel. (0 23 35) 840 - [redacted]
Fax (0 23 35) 840 - [redacted]

Auskunft zum Zahlungsverkehr erteilt:
Frau [redacted] Tel. (0 23 35) 840 [redacted]
Fax. (0 23 35) 840 [redacted]

Wetter, 12.01.2016

Kassenzeichen (bitte stets mit angeben)
KT20-[redacted]TK

Grundsteuer-Jahresbescheid 2016

Objekt-Nr.: [redacted]
Einheitswertnummer: 348[redacted]
für das Grundstück: [redacted]

Bezeichnung der Steuer- oder Abgabenart	Zeitraum von / bis		Messbetrag bisher	Messbetrag neu	Hebesatz	Betrag in EUR bisher	Betrag in EUR neu	Zu/Abgang (+/-) in EUR
Grundsteuer B	01.01.2016	31.12.2016		96,24 EUR	500,00 %		481,20	481,20

Die Grundsteuer ist wie folgt fällig

Datum	Betrag EUR
15.02.2016	120,30
15.05.2016	120,30
15.08.2016	120,30
15.11.2016	120,30

Vereinbarungsgemäß werden die fälligen Forderungen von dem Konto DE[redacted] bei der [redacted] abgebucht. (SEPA Informationen erhalten Sie auf der Bescheidrückseite)
Bitte beachten Sie Ihre Rechte und Erläuterungen auf der Rückseite dieses Bescheides.

Seite: 1

Allgemeine Öffnungszeiten:
montags bis freitags 08.00 - 12.00 Uhr
montags und donnerstags 14.00 - 16.00 Uhr

Konten: Stadtsparkasse Wetter IBAN:DE10 452 514 80 0000 0000 75 BIC:WELADED1WET
Commerzbank Wetter IBAN:DE52 4408 0050 0334 4666 00 BIC:DRESDEFF440
Volksbank Bochum Witten IBAN:DE47 4306 0129 7004 3022 00 BIC:GENODEM1BOC

Die Grundsteuer wird also in zwei Schritten berechnet: 369

1. Einheitswert x Steuermesszahl = Steuermessbetrag
2. Steuermessbetrag x Hebesatz = Jahresgrundsteuer

Bezogen auf das Beispiel aus der Praxis bedeutet dieses: 370

1. 37.017 € x 2,6/1.000 = 96,24 €
2. 96, 24 € x 500/100 = 481,20 €

Fall: 371

Das Finanzamt legt für die nachstehend aufgeführten Grundstücke jeweils 100.000 € als Einheitswert fest. 372

a) Zweifamilienhaus
b) Landwirtschaftlich genutztes Grundstück
c) Einfamilienhaus
d) Gewerblich genutztes Grundstück
e) Mehrfamilienhaus

Die Hebesätze betragen nach § 5 der Haushaltssatzung der zuständigen Gemeinde für die Grundsteuer A 230 v. H. und für die Grundsteuer B 350 v. H. 373

Ermitteln Sie die entsprechenden Jahressteuern. 374

Lösung: 375

376

Einheitswert	Steuermesszahl	Steuermessbetrag	Hebesatz	Jahressteuer
a) 100.000 €	x 3,1 v. T.	= 310,00 €	x 350 v. H.	= 1.085,00 €
b) 100.000 €	x 6,0 v. T.	= 600,00 €	x 230 v. H.	= 1.380,00 €
c) 100.000 € ➢38.346,89 € ➢61.653,11 €	 x 2,6 v. T. x 3,5 v. T.	 = 99,70 € = 215,79 € = 315,49 €	 x 350 v. H.	 = 1.104,22 €
d) 100.000 €	x 3,5 v.T.	= 350,00 €	x 350 v. H.	= 1.225,00 €
e) 100.000 €	x 3,5 v. T.	= 350,00 €	x 350 v. H.	= 1.225,00 €

377 Reform der Grundsteuer:

378 Die Diskussion um eine Grundsteuerreform läuft seit Jahrzehnten. Das Bundesverfassungsgericht urteilte im Jahr 1995 im Rahmen der Prüfung der Verfassungsmäßigkeit der Vermögensteuer sinngemäß[34], dass die Besteuerung von Immobilien gegenüber Einkünften aus anderem Kapitalvermögen ungerecht sei, da die Immobilienwerte vergleichsweise niedrig bewertet seien. Die Vermögensteuer (auf Kapitalvermögen) wurde in der damaligen Form als verfassungswidrig festgestellt. Der Empfehlung des Gerichts, Immobilienvermögen höher zu bewerten und es den Werten des sonstigen Kapitalvermögens anzupassen, folgte der Bundesgesetzgeber nicht. Stattdessen schaffte er die Vermögensteuer 1997 ab.

379 Seitdem sind mehrere Versuche unternommen worden, die Grundsteuer als verfassungswidrig einzustufen. So sah der Bundesfinanzhof die Vorschriften über die Einheitsbewertung des Grundvermögens trotz der verfassungsrechtlichen Zweifel, die sich aus den lange zurückliegenden Hauptfeststellungszeitpunkten des 1. Januar 1964 bzw. – im Beitrittsgebiet – des 1. Januar 1935 und darauf beruhenden Wertverzerrungen ergaben, jedenfalls für Stichtage bis zum 1. Januar 2007 als noch verfassungsgemäß an.[35] Einige Jahre später hielt der Bundesfinanzhof die Vorschriften über die Einheitsbewertung (spätestens) ab dem Bewertungsstichtag 1. Januar 2009 für verfassungswidrig, weil die Maßgeblichkeit der Wertverhältnisse am Hauptfeststellungszeitpunkt 1. Januar 1964 für die Einheitsbewertung zu Folgen führt, die mit dem allgemeinen Gleichheitssatz (Art. 3 Abs. 1 GG) nicht mehr vereinbar sind, und legte den Beschluss dem Bundesverfassungsgericht zur Prüfung der Verfassungsmäßigkeit vor.[36] Beide Fälle waren beim Bundesverfassungsgericht anhängig (2 BvR 287/11 für Stichtage ab 01.01.2007 und 1 BvL 11/14 für Feststellungen ab 01.01.2009).

380 Nach langer und intensiver Diskussion und Untersuchung verschiedener Reformmodelle beschloss der Bundesrat am 4.1.2016 einen Gesetzentwurf zur Änderung des Bewertungsgesetzes und leitete das Gesetzgebungsverfahren ein.[37]

381 Der Entwurf sieht ein mehrstufiges Verfahren vor. Basis für die Erhebung der Grundsteuer wird künftig der sogenannte Grundsteuerwert sein.
Zunächst müssen sämtliche rund 35 Millionen Grundstücke und land- und forstwirtschaftlicher Betriebe neu bewertet werden. Bei unbebauten Grundstücken soll zukünftig auf die Bodenrichtwerte abgestellt werden. Bei bebauten Grundstücken wird zudem noch der Wert des Gebäudes erfasst, wobei die Art des Gebäudes und das Baujahr berücksichtigt werden.

382 Als Stichtag für die erste Bewertung nach den neuen Regeln ist der 1. Januar 2022 vorgesehen. Die Bewertungsarbeiten sollen Ende 2022 beginnen und werden einige Jahre dauern. Es ist beabsichtigt, künftig alle sechs Jahre eine Hauptfeststellung, möglichst technikunterstützt und automatisiert, durchzuführen.

[34] Vgl. BVerfG, 22.06.1995 – 2 BvL 37/91
[35] Vgl. BFH, Urteil vom 30.6.2010, II R 12/09
[36] Vgl. BFH, Beschluss (BVerfG-Vorlage) vom 22.10.2014, II R 16/13
[37] Vgl. BT-Drucksache 18/10753 vom 21.12.2016

Nur aus den neuen Grundstückswerten lässt sich die Höhe der künftigen Grundsteuer nicht ableiten. Auch zukünftig werden die Grundsteuerwerte mit einer gesetzlich festgelegten Steuermesszahl multipliziert und hieraus ein Steuermessbetrag ermittelt. Der Gesetzentwurf sieht vor, dass die Reform aufkommensneutral sein wird. Das bedeutet nicht, dass jeder Grundstückseigentümer nach der Reform dieselbe Grundsteuer zahlen wird. Hier werden sich durch die Systemänderungen Verschiebungen ergeben, allerdings sollen die Änderungen insgesamt nicht zu Mehrerträgen führen. Bei einem flächendeckenden Anstieg der Werte wegen der Neubewertung müssen die Steuermesszahlen entsprechend abgesenkt werden. 383

Die Höhe der Messzahlen kann erst in einem zweiten Schritt nach Abschluss der Neubewertung berechnet werden. Darüber hinaus sollen die Länder die Möglichkeit erhalten, eigene Steuermesszahlen festzulegen, um die Höhe der Grundsteuer beeinflussen zu können. Innerhalb eines Bundeslandes bestimmen weiterhin die Gemeinden die Höhe der Hebesätze. 384

Allerdings ist die Reform der Grundsteuer noch nicht vom Bundestag beschlossen worden. Da der Gesetzentwurf nicht auf die Zustimmung aller Länder stieß – Bayern und Hamburg lehnten das Modell ab –, wollte die Bundesregierung im Jahr 2017 auch keine Initiative ergreifen. 385

Mit Urteil vom 10.4.2018 hat das Bundesverfassungsgericht die Einheitsbewertung in den „alten" Bundesländern für verfassungswidrig erklärt. Der Gesetzgeber wird verpflichtet, bis Ende 2019 eine neue Regelung zu schaffen. Mit Blick auf die umfangreiche Umsetzung dürfen die jetzigen Vorschriften nur noch bis zum 31.12.2024 angewandt werden. 386

Ausschlaggebend für die Feststellung der Verfassungswidrigkeit sind die seit vielen Jahren nicht angepassten Einheitswerte, die zu einer Ungleichbehandlung von Grundstückseigentümern führen. Hier liegt somit ein Verstoß gegen Art. 3 Abs. 1 GG vor, nach Feststellungen des Bundesverfassungsgerichts spätestens seit 2002. Entscheidend sind hierbei nicht die Veränderungen zwischen den damaligen Einheitswerten und heutigen Verkehrswerten. Sofern die Einheitswerte gleichmäßig hinter den Verkehrswerten zurückbleiben würden, läge keine verfassungsrechtlich relevante Ungleichbehandlung vor. Entscheidend sind die zahlreichen und erheblichen Wertverzerrungen, die sich aus dem langen Zeitraum zwischen der Hauptfeststellung und dem Unterlassen von Anpassungen der Einheitswerte ergeben. 387

Es bleibt aus kommunaler Sicht abzuwarten, welche neuen und verfassungsrechtlich nicht zu beanstandenden Regelungen der Gesetzgeber schafft. Die Umsetzung des dann neuen Grundsteuerrechts muss auf jeden Fall gelingen, da die Gemeinden ansonsten ab 2025 auf eine ihrer wichtigsten Einnahmequellen verzichten müssten. 388

4.1.2 Gewerbesteuer

Neben der Grundsteuer zählt die Gewerbesteuer zu den ältesten Steuern. Bereits im Mittelalter wurden Gewerbebetriebe besteuert. Seit 1891 – dem Zeitpunkt der preußischen Steuerreform – steht die Gewerbesteuer den Gemeinden zu. Besteuert wurden der Ge- 389 werbeertrag, also der Gewinn des Betriebes, und das Gewerbekapital, das für den Betrieb eingesetzte Sach- und Geldvermögen. Zwischen 1936 und 1979 unterlag zudem die Lohnsumme der Betriebe der Besteuerung. Das Gewerbekapital als steuerliche Bezugsgröße entfiel ab 1998. Für diesen Einnahmeausfall erhalten die Gemeinden seitdem einen Anteil an der Umsatzsteuer, vgl. Art. 106 Abs. 3, 5a GG.

390 Die Gewerbesteuer ist durch die Anknüpfung an den Betrieb als reales Besteuerungsobjekt eine Realsteuer im Sinne des § 3 Abs. 2 AO. Sie stellt nach Art. 28 Abs. 2 GG eine wirtschaftsbezogene Steuerquelle mit gemeindlichem Hebesatzrecht dar und gehört zu den wichtigsten Gemeindesteuern. Das Steueraufkommen betrug in NRW im Jahr 2016 rd. 11 Milliarden Euro.[38] Hieraus ist zu erkennen, dass die Gemeinden mit Blick auf die Finanzierung ihrer Aufgaben in einem hohen Maß von der Gewerbesteuer abhängig sind. Hier setzt aber auch ein Grundproblem an, denn die Höhe der Gewerbesteuer ist abhängig von der Konjunktur und der individuellen Entwicklung der örtlichen Unternehmen.
Die Erhebung ist bundesgesetzlich im Gewerbesteuergesetz (GewStG) geregelt. Nach § 1 GewStG erheben die Gemeinden eine Gewerbesteuer. Sie ist somit – anders als die Grundsteuer – pflichtig zu erheben. Man könnte aus kommunaler Sicht vielleicht die Idee verfolgen, auf die Erhebung der Gewerbesteuer aus Gründen der Ansiedlungs- und Wirtschaftsförderungspolitik fast vollständig zu verzichten, z. B. durch einen Hebesatz von 10 %. Der Gesetzgeber hat aber in § 16 Abs. 4 S. 2 GewStG festgelegt, dass der <u>Mindesthebesatz</u> 200 % beträgt.

391 <u>Wer ist steuerpflichtig?</u>

392 Nach § 2 Abs. 1 GewStG unterliegt jeder inländische stehende Gewerbebetrieb der Gewerbesteuer. Das GewStG verweist hier auf die Vorschriften des Einkommensteuergesetzes (EStG). Ein Gewerbebetrieb ist dadurch gekennzeichnet, dass er

a) selbstständig und nachhaltig ausgeübt wird,
b) sich am allgemeinen wirtschaftlichen Verkehr beteiligt,
c) beabsichtigt, Gewinne zu erzielen.

393 Keine Gewerbebetriebe sind die freien Berufe (z. B. Ärzte, Architekten, Übersetzer), ebenso wenig die Betriebe der Land- und Forstwirtschaft (vgl. § 2 Abs. 3 GewStG).

394 Ein stehender Gewerbebetrieb ist dadurch gekennzeichnet, dass er über einen oder mehrere Standorte verfügt. Im Inland betrieben wird ein Betrieb, wenn eine Betriebstätte im Inland unterhalten wird oder ein Schiff im inländischen Schiffsregister eingetragen ist, vgl. § 2 Abs. 1 GewStG. Neben den stehenden Gewerbebetrieben unterliegen auch die inländischen Reisegewerbebetriebe der Gewerbesteuer, vgl. § 35a Abs. 1 GewStG. Voraussetzungen für einen Reisegewerbebetrieb sind:

[38] Vgl. (Landesbetrieb Information und Technik Nordrhein-Westfalen, 2018)

- eine Reisegewerbekarte nach § 55 GewO,
- die Ausübung einer gewerblichen Tätigkeit ohne vorhergehende Bestellung außerhalb einer gewerblichen Niederlassung oder ohne gewerbliche Niederlassung,
- das Anbieten oder der Ankauf von Waren, die Annahme oder der Vertrieb von Warenbestellungen oder
- die Betätigung als Schausteller.

Sofern sowohl ein stehendes als auch ein Reisegewerbe betrieben wird, wird der Betrieb 395
vollständig als stehender Gewerbebetrieb angesehen.
Weiterhin sind bestimmte Betriebe Gewerbebetriebe kraft Gesetzes. Nach § 2 Abs. 3 GewStG wird hierbei an die betriebliche Rechtsform angeknüpft, z. B. Kapitalgesellschaften (GmbH, AG, etc.), Genossenschaften oder sonstige juristische Personen des Privatrechts und nichtrechtsfähige Vereine, sofern sie einen wirtschaftlichen Geschäftsbetrieb unterhalten. Die letzteren Fälle können im Einzelfall zu Abgrenzungsproblemen führen. Beispiele sind:

- Der Trägerverein eines Freibades betreibt einen Kiosk.
- Der örtliche Kulturverein ist ehrenamtlich für eine Veranstaltungshalle verantwortlich und verkauft u. a. Speisen und Getränke.

Losgelöst von den ideellen Bereichen „Freibad" und „Kultur" sind die Speise- und Getränke- 396
angebote dem wirtschaftlichen Geschäftsbetrieb zuzurechnen, sodass die Vereine insoweit Gewerbebetriebe darstellen.

Das GewStG sieht in § 4 zahlreiche Befreiungen von der Gewerbesteuer vor. Exemplarisch 397
werden einige genannt:

- Nr. 1: Öffentliche Spielbanken, da sie eine Spielbankabgabe zahlen, die den Ländern zusteht, vgl. Art. 106 Abs. 2 Nr. 5 GG; ein Teil wird nach Landesrecht den Gemeinden weitergeleitet, in denen sich Spielbanken befinden;
- Nr. 2: Die Deutsche Bundesbank und die Förderbanken der Länder;
- Nr. 6: Körperschaften, Personenvereinigungen oder Vermögensmassen, die ausschließlich und unmittelbar gemeinnützigen, mildtätigen oder kirchlichen Zwecken dienen;
- Nr. 13: Private Schulen und andere allgemeinbildende oder berufsbildende Einrichtungen, soweit ihre Leistungen von der Umsatzsteuer befreit sind;
- Nr. 20: Krankenhäuser, Altenheime, Altenwohnheime und dergleichen unter gewissen steuerlichen oder sonstigen rechtlichen Voraussetzungen;
- Nr. 25: Wirtschaftsförderungsgesellschaften, sofern sie von der Körperschaftsteuer befreit sind.

Die Befreiungen sind im Regelfall mit den jeweiligen Zwecken der Körperschaften, Einrich- 398
tungen etc. begründet, die von der Definition eines Gewerbebetriebes deutlich abweichen. Vielfach handelt es sich um öffentliche Aufgaben im weiteren Sinne.

399 Wer erhebt die Gewerbesteuer?

400 Wie bereits erwähnt, ist die Gewerbesteuer eine gemeindeeigene Steuer. In § 4 GewStG wird bestimmt, wer die hebeberechtigte Gemeinde ist, also wer für die Erhebung der Gewerbesteuer zuständig ist. Maßgeblich ist der Ort, an dem der Gewerbebetrieb eine Betriebsstätte unterhält.

401 Vielfach stellt sich der Vorgang recht einfach dar. Sofern z. B. die Firma Spedition Meier und Söhne GmbH in Dortmund angesiedelt ist, erhebt die Stadt Dortmund die Gewerbesteuer. Anders verhält es sich mit Gewerbebetrieben in mehreren Städten oder Gemeinden, wie es z. B. bei den großen Einzelhandelsketten üblich ist. Hier wird die Gewerbesteuer nach dem Teil des Steuermessbetrages erhoben, der auf sie entfällt, vgl. § 4 Abs. 1 S. 2 GewStG. § 4 Abs. 2 GewStG ist für NRW nicht maßgeblich, da hier keine gemeindefreien Gebiete existieren. Möglich sind aber gemeindeübergreifende Betriebsstätten (z. B. in einem interkommunalen Gewerbegebiet, auch in mehreren Bundesländern) oder länderübergreifende Betriebsstätten (z. B. im deutsch-niederländischen Grenzgebiet). Im ersteren Fall wird die Gewerbesteuer anteilig nach den Steuermessbeträgen aufgeteilt, im zweiten Fall ist die Gemeinde hebeberechtigt, in der der zur Bundesrepublik Deutschland gehörende Teil des grenzüberschreitenden Gewerbegebiets liegt, vgl. § 4 Abs. 3 GewStG.

402 Wer muss die Gewerbesteuer bezahlen?

403 Nach § 5 Abs. 1 GewStG ist Steuerschuldner der Unternehmer, also derjenige, für dessen Rechnung das Gewerbe betrieben wird. Ist das Unternehmen z. B. in der Rechtsform der GmbH organisiert, ist die GmbH Steuerschuldnerin, und nicht etwa der Geschäftsführer. Sofern z. B. der Metzgermeister Franz Fallbeil den Betrieb als Privatperson führt, ist er Steuerschuldner. Gründet er jedoch zusammen mit seinem Geschäftspartner Günter Grünkohl eine Gesellschaft bürgerlichen Rechts (GbR, vgl. § 705 BGB, sogenannte BGB-Gesellschaft), so ist die Gesellschaft Steuerschuldnerin, da es sich bei dieser Organisationsform um eine Personengesellschaft handelt, vgl. § 5 Abs. 1 S. 3 GewStG.
Übergeben die letztgenannten Herren aus Altersgründen ihren Betrieb z. B. an ihre Söhne, so sind die Väter bis zum Übergang des Betriebes Steuerschuldner, danach die Söhne, vgl. § 5 Abs. 2 GewStG.

404 Was wird besteuert?

405 Besteuerungsgrundlage für die Gewerbesteuer ist nach § 6 GewStG der Gewerbeertrag. Leider verweist das Steuerrecht vielfach auf andere Gesetze, denn die Definition des Gewerbeertrages findet sich nicht im GewStG, sondern es wird in § 7 GewStG auf die Vorschriften des Einkommensteuer- oder Körperschaftsteuergesetzes verwiesen. Maßgeblich ist im ersten Schritt der Gewinn aus dem Gewerbebetrieb nach den vorgenannten Gesetzen. Einkommensteuer wird z. B. von natürlichen Personen oder Personengesellschaften gezahlt, Körperschaftsteuer von Kapitalgesellschaften, z. B. Gesellschaften mit beschränkter Haftung oder Aktiengesellschaften. § 4 EStG beinhaltet Vorschriften zum Gewinn im Allgemeinen, § 8 KStG Vorschriften zur Ermittlung des zu versteuernden Einkommens.

Aus Sicht einer Stadt- oder Gemeindeverwaltung kann an dieser Stelle „zur Beruhigung“ festgestellt werden, dass die Finanzämter diese Gewinnermittlung vornehmen bzw. überprüfen und sich mit teilweise langen Paragrafen beschäftigen „dürfen“. Gleiches gilt auch für die Berechnung des Gewerbeertrages für die Gewerbesteuer, denn hier wird der Gewinn noch um Hinzurechnungen nach § 8 GewStG erhöht und um die Kürzungen nach § 9 GewStG vermindert. Die Hinzurechnungsvorschriften des § 8 GewStG haben den Zweck, Folgewirkungen zu korrigieren, die sich aus der in § 7 Satz 1 GewStG geregelten Übernahme der einkommen- oder körperschaftsteuerlichen Gewinnermittlung in das Gewerbesteuerrecht ergeben, die jedoch bei der Gewerbesteuer nach Auffassung des Gesetzgebers unerwünscht sind.[39] Beispielsweise werden Entgelte für Schulden (z. B. Zinsen) dem Gewerbeertrag zu einem Viertel hinzugerechnet, um eine Teilkorrektur gegenüber denjenigen Unternehmen vorzunehmen, die ihren Betrieb ohne Schulden führen. 406

Die Kürzungen nach § 9 GewStG sollen das Unternehmen vor einer mehrfachen Steuerbelastung schützen. Exemplarisch wird auf § 9 Nr. 1 GewStG verwiesen. Danach wird die Summe des Gewinns und der Hinzurechnungen um 1,2 % des Einheitswerts des zum Betriebsvermögen des Unternehmers gehörenden und nicht von der Grundsteuer befreiten Grundstücks gekürzt, da für den Grundbesitz des Betriebes Grundsteuer zu zahlen ist. 407

Zwischenergebnis: Der Gewinn wird um Hinzurechnungen erhöht und um Kürzungen vermindert. Das Ergebnis ist der maßgebende Gewerbeertrag, vgl. § 10 GewStG. Dieser stellt die Basis für die Berechnung der Gewerbesteuer dar und kann unter Umständen eingeschränkt um einen Gewerbeverlust nach § 10a GewStG verringert werden. 408

Wie wird die Gewerbesteuer berechnet? 409

Die Berechnung der Gewerbesteuer erfolgt in mehreren Schritten:

Maßgebender Gewerbeertrag

abgerundet auf volle 100 €

eventuell abzüglich Freibeträge (§ 11 Abs. 1 S. 2 Nrn. 1 und 2 GewStG)

= verbleibender Gewerbeertrag

x Steuermesszahl

= Steuermessbetrag

x Hebesatz

= Jahresgewerbesteuer

[39] Vgl. BVerfG, Beschluss vom 10. Oktober 2012 – 1 BvL 6/07

410 Die Berechnung des Steuermessbetrages bestimmt sich nach § 11 GewStG. Danach wird der (maßgebende) Gewerbeertrag auf volle 100 € abgerundet und bei natürlichen Personen oder Personengesellschaften um einen Freibetrag von 24.500 € gekürzt, bei verschiedenen anderen Unternehmen und juristischen Personen des öffentlichen Rechts um einen Freibetrag von 5.000 €, höchstens jedoch in Höhe des abgerundeten Gewerbeertrags. Letztere Regelung ist dann von Bedeutung, wenn der maßgebende Gewerbeertrag z. B. einer natürlichen Person den Wert von 24.500 € unterschreitet.

411 Beispiel 1:

Maßgebender Gewerbeertrag: 26.911 €

Abgerundet auf volle 100 € = 26.900 €

Abzüglich Freibetrag von 24.500 € = 2.400 € (verbleibender Gewerbeertrag)

412 Beispiel 2:

Maßgebender Gewerbeertrag: 23.810 €

Abgerundet auf volle 100 € = 23.800 €

Abzüglich Freibetrag von *23.800 €* = 0 € (verbleibender Gewerbeertrag)

413 Die Steuermesszahl für den (verbleibenden) Gewerbeertrag beträgt in der Regel einheitlich 3,5 %, vgl. § 11 Abs. 2 GewStG. Unter gewissen Voraussetzungen ermäßigt sich die Steuermesszahl auf 56 %, vgl. § 11 Abs. 3 GewStG. Vom Wortlaut der Vorschrift könnte man sie missverstehen, da 56 unstrittig 3,5 übersteigt. Gemeint ist, dass die ermäßigte Steuermesszahl 56 % von 3,5 %, somit 1,96 % beträgt.

414 Die Berechnung und Festsetzung des Steuermessbetrages erfolgt gemäß § 184 AO durch das Finanzamt. Der Gewerbesteuermessbescheid wird den hebeberechtigten Gemeinden zugesandt, die diese an die Steuerpflichtigen weiterleiten bzw. ihn als Grundlage für die Berechnung der Gewerbesteuer verwenden, vgl. §§ 1, 2 Abs. 1 des Gesetzes über die Zuständigkeit für die Festsetzung und Erhebung der Realsteuern.

415 Der Steuermessbetrag wird für den Erhebungszeitraum, in der Regel das abgelaufene Kalenderjahr, festgesetzt, vgl. § 14 Abs. 1 GewStG.

416 Die eigentliche Entstehung der Gewerbesteuer sowie deren Festsetzung und Erhebung obliegt den hebeberechtigten Gemeinden. Der Steuermessbetrag wird gemäß § 16 Abs. 1 GewStG mit einem Prozentsatz, dem Hebesatz, multipliziert. Das Ergebnis ist die Gewerbesteuer für den Erhebungszeitraum.

Der Hebesatz kann nach § 16 Abs. 2 GewStG für ein oder mehrere Kalenderjahre festgesetzt werden. Für die gemeindliche Haushaltssatzung gilt im Regelfall das Jährlichkeitsprinzip, da diese nur für das Haushaltsjahr, also das Kalenderjahr, gilt. Es ist aber auch möglich, eine Haushaltssatzung für zwei Haushaltsjahre, aber nach Jahren getrennt, zu erlassen, vgl. § 78 Abs. 3 GO. Daraus folgt, dass der Hebesatz für die Gewerbesteuer im Regelfall jährlich neu beschlossen wird, längstens aber für zwei Jahre. Alternativ kann man in einem „Doppelhaushalt" auch unterschiedliche Hebesätze aufnehmen. Möchte die Gemeinde den Hebesatz dagegen für einen längeren Zeitraum bestimmen, empfiehlt sich der Beschluss einer Hebesatzsatzung, die zudem den Vorteil hat, unabhängig von der eventuellen Genehmigung einer Haushaltssatzung durch die Aufsichtsbehörde erlassen werden zu können. 417

Mit Blick auf das Rückwirkungsverbot, das im Rechtsstaatsprinzip nach Art. 20 Abs. 3 GG enthalten ist, gilt auch im Steuerrecht, dass eine rückwirkende Erhöhung grundsätzlich unzulässig ist. Der Gesetzgeber hat allerdings mit § 16 Abs. 3 GewStG die eingeschränkte Möglichkeit geschaffen, die Gewerbesteuer rückwirkend zu erhöhen. Nach Satz 1 ist der Ratsbeschluss über die Festsetzung oder Änderung des Hebesatzes bis zum 30. Juni mit Wirkung vom 1. Januar zu fassen. Sofern ein Beschluss nach dem 30. Juni erfolgt, ist eine Erhöhung des Hebesatzes für das laufende Jahr dagegen ausgeschlossen. 418

Im Gegensatz zur Grundsteuer ist die Erhebung der Gewerbesteuer verpflichtend, seit dem 1. Januar 2004 mindestens in Höhe eines Hebesatzes von 200 %, vgl. § 16 Abs. 4 GewStG. In der Praxis, speziell in NRW, steigen die Hebesätze seit Jahren und haben vielfach 500 % überschritten. Die Länder haben zwar grundsätzlich die Möglichkeit, nach § 16 Abs. 5 GewStG Höchsthebesätze gesetzlich festzulegen. Dem Verfasser ist allerdings keine landesrechtliche Regelung zu Höchstsätzen bekannt. 419

<u>Beispielfall für eine (vereinfachte) Gewerbesteuerberechnung:</u> 420

Das Finanzamt stellt für das abgelaufene Wirtschaftsjahr bei der Firma Holzwurm oHG (Personengesellschaft) einen Gewinn von 2.000.000 € fest. Nach Berücksichtigung der Hinzurechnungen und Kürzungen beträgt der maßgebende Gewerbeertrag 1.000.077 €. Der Hebesatz für die Gewerbesteuer beträgt 400 %. 421

a) Ermitteln Sie die Jahresgewerbesteuer.
b) Inwieweit würde sich die Steuer ändern, wenn es sich bei dem Betrieb um eine GmbH handeln würde?

Lösung:

Zu a):

422

Maßgebender Gewerbeertrag:	1.000.077,00 €
abgerundet auf volle 100 € (§ 11 Abs. 1 S. 3 GewStG)	1.000.000,00 €
abzüglich Freibetrag (§ 11 Abs. 1 S. 3 Nr. 1 GewStG)	- 24.500,00 €
verbleibender Gewerbeertrag	975.500,00 €
x Steuermesszahl 3,5 % = Steuermessbetrag	34.142,50 €
x Hebesatz 400 % = Jahresgewerbesteuer	136.570,00 €

Zu b):

423

Maßgebender Gewerbeertrag:	1.000.077,00 €
abgerundet auf volle 100 € (§ 11 Abs. 1 S. 3 GewStG) = verbleibender Gewerbeertrag	1.000.000,00 €
x Steuermesszahl 3,5 % = Steuermessbetrag	35.000,00 €
x Hebesatz 400 % = Jahresgewerbesteuer	140.000,00 €

424 Bei der Entstehung der Gewerbesteuer wird zwischen Vorauszahlungen und der Festsetzung für den abgelaufenen Erhebungszeitraum unterschieden.

425 Vorauszahlungen sind im Regelfall am 15.2., 15.5., 15.8. und 15.11. eines jeden Jahres zu entrichten, vgl. § 19 Abs. 1 GewStG. Dagegen liegt der abgelaufene Erhebungszeitraum in der Vergangenheit.

Beispiel:

426 Die Berechnung der Gewerbesteuer für die Fa. Holzwurm (s. o.) erfolgte im Jahr 2017 für das Jahr 2016. Sofern das Unternehmen im Jahr 2017 bislang deutlich geringere Vorauszahlungen geleistet hat (z. B. 50.000 €), kann die Gemeinde die Vorauszahlungen anpassen (z. B. auf 140.000 €), vgl. § 19 Abs. 3 GewStG.

4.2 KONJUNKTURELLE ABHÄNGIGKEIT KOMMUNALER STEUERN – FINANZPLANUNG, HAUSHALTSAUSGLEICH

Ein wesentlicher allgemeiner Haushaltsgrundsatz besagt, dass der Haushalt in jedem Jahr in Planung und Rechnung ausgeglichen sein muss. Nach § 75 Abs. 2 GO ist der Haushalt ausgeglichen, wenn der Gesamtbetrag der Erträge den Gesamtbetrag der Aufwendungen erreicht oder übersteigt. Maßgeblich ist also der Ergebnisplan bzw. die Ergebnisrechnung. Hierbei ist anzumerken, dass ein Planüberschuss der Erträge über die Aufwendungen mindestens rechtlich bedenklich sein dürfte, da dieser gegen das Bedarfsdeckungsprinzip in Verbindung mit dem Gebot der Rücksichtnahme gegenüber den Abgabepflichtigen gemäß § 10 S. 2 GO verstoßen könnte. Ein Überschuss in der Ergebnisrechnung ist dagegen rechtlich und tatsächlich möglich, vgl. u. a. § 96 Abs. 1 S. 2 GO i. V. m. § 41 Abs. Ziff. 1.4 GemHVO, wonach in der Bilanz ein Jahresüberschuss als Eigenkapitalposten ausgewiesen werden kann und der Rat über dessen Verwendung entscheiden muss. 427

Die Haushaltsplanung umfasst neben der Planung für das (kommende) Haushaltsjahr auch den Zeitraum der mittelfristigen Ergebnis- und Finanzplanung. Nach § 84 GO hat die Gemeinde ihrer Haushaltswirtschaft eine fünfjährige Ergebnis- und Finanzplanung zugrunde zu legen und in den Haushaltsplan einzubeziehen. Das erste Planungsjahr ist das laufende Haushaltsjahr. Die Ergebnis- und Finanzplanung für die dem Haushaltsjahr folgenden drei Planungsjahre soll in den einzelnen Jahren ausgeglichen sein. Sie ist mit der Haushaltssatzung der Entwicklung anzupassen und fortzuführen. 428

Beispiel:

Die Stadt S. plant im Jahr 2017 den Haushalt für die Jahre 2018 bis 2021. Das erste Jahr der Planung ist das laufende Haushaltsjahr, also 2017. Hierbei werden aber für das laufende Jahr keine Haushaltsansätze mehr verändert; vielmehr ist die Planung (im Regelfall) abgeschlossen. Da die Ergebnisse des Jahres 2017 im Rahmen der Erstellung des Planes 2018 ff. noch nicht feststehen, werden die Planwerte des laufenden Jahres in den Haushaltsplan für 2018 aufgenommen, ebenso die Ergebnisse des Jahres 2016.[40] 429

Während das zu planende Haushaltsjahr (im Beispiel das Jahr 2018) ausgeglichen sein muss, sollen die drei Folgejahre ausgeglichen sein, müssen es aber nicht zwingend. 430

Den Gemeinden in NRW werden in der Regel zur Jahresmitte seitens des Landes sogenannte Orientierungsdaten bereitgestellt. Diese sollen nach § 6 Abs. 2 GemHVO bei der Aufstellung und Fortschreibung der Ergebnis- und Finanzplanung berücksichtigt werden.[41] 431

[40] Vgl. Anlagen 3 und 4 VV Muster zur GO und GemHVO

[41] http://m.mik.nrw.de/fileadmin/user_upload/Redakteure/Dokumente/Themen_und_Aufgaben/Kommunales/kommunale_finanzen/orientierungsdaten2017_20.pdf

432 Im Rahmen der Haushaltsplanung spielen die kommunalen Steuern, hier speziell die Realsteuern, eine entscheidende Rolle, da sie in einem hohen Maß zur Deckung des Aufwandes (und der Auszahlungen) beitragen. Dieses bedeutet, dass das (voraussichtliche) Steueraufkommen verlässlich sein sollte.

433 Bei der Grundsteuer ist dies unstrittig der Fall. Besteuert werden Grundstücke bzw. land- und forstwirtschaftliche Betriebe; diese sind mehr oder weniger unverändert im Gemeindegebiet vorhanden und stellen dadurch eine verlässliche Basis für die Besteuerung dar. Bei der Grundsteuer wird auch im Regelfall wenig oder keine Rücksicht auf die individuelle Einkommenssituation der Grundstückseigentümer genommen, da der Wert des Grundstücks besteuert wird; das Aufkommen der Grundsteuer A ist im Verhältnis zur Grundsteuer B von untergeordneter Bedeutung.

434 Anders verhält es sich bei der Gewerbesteuer. Das Aufkommen ist im Wesentlichen abhängig von

a) der Struktur der Unternehmen vor Ort,
b) der konjunkturellen Lage,
c) der Geschäftspolitik und den Unternehmenserfolgen (stetig oder schwankend),
d) dem Umfang der Bereitstellung von Gewerbe- oder Industriegebieten durch die Gemeinden,
e) dem gemeindlichen Gewerbesteuerhebesatz.

435 Zu a): Ein gesunder Branchenmix kann vielfach vorteilhafter sein als einseitige Strukturen oder die Abhängigkeit der Gemeinde von einem oder mehreren wenigen Unternehmen, da im ersten Fall die Risiken von Gewerbesteuerausfällen besser verteilt werden können. Zudem können z. B. internationale Konzerne in höherem Umfang steuerliche Gestaltungsmöglichkeiten ausnutzen als mittelständische Unternehmen, was sich vielfach negativ auf das Gewerbesteueraufkommen auswirken kann.

436 Zu b): Unternehmenserfolge sind vielfach konjunkturabhängig. Eine Verschlechterung der gesamtwirtschaftlichen Situation führt häufig zu geringeren Unternehmenserfolgen und daraus folgend zu einem geringeren Gewerbesteueraufkommen. Beispielsweise trug die Finanz- und Wirtschaftskrise ab dem Frühjahr 2007[42] maßgeblich dazu bei, dass sich die Konjunktur in den Folgejahren verschlechterte; gegenüber 2007 stieg das Bruttoinlandsprodukt nur um 1,1 %, im Jahr 2009 fiel es um 5,6 % gegenüber dem Vorjahr.[43] Das Gewerbesteueraufkommen sank bundesweit im Jahr 2009 gegenüber dem Vorjahr um 20,5 % bzw. um 6,4 Milliarden Euro.[44] Diese negative Entwicklung traf viele Gemeinden in unterschiedlicher Intensität und wurde durch den gleichzeitigen Rückgang der Einkommensteuerbeteiligung noch verschärft.

[42] http://www.faz.net/aktuell/finanzen/aktien/dax-geschichte-2007-2009-die-weltfinanzkrise-12972316.html
[43] https://de.statista.com/statistik/daten/studie/2112/umfrage/veraenderung-des-bruttoinlandprodukts-im-vergleich-zum-vorjahr/
[44] http://www.bundesfinanzministerium.de/Content/DE/Standardartikel/Themen/Oeffentliche_Finanzen/Foederale_Finanzbeziehungen/Kommunalfinanzen/Eckdaten-2007-2016.pdf?__blob=publicationFile&v=4, S. 9

Zu c): Nicht jedes Unternehmen erwirtschaftet relativ konstante Gewinne. Viele Unternehmen agieren projektorientiert, sodass deren Erfolge deutlich schwanken. Diese Veränderungen führen dazu, dass die Gewerbesteuerzahlungen ebenfalls deutlich variieren. 437

Zu d): Die Bereitstellung von Gewerbeflächen ist von mehreren Faktoren abhängig. Es müssen überhaupt genügend Flächen vorhanden sein oder entwickelt werden können, zudem werden derartige Vorhaben im Spannungsfeld zwischen ökologischen und ökonomischen Aspekten politisch diskutiert. Planungs- und baurechtlich ist das Verfahren zur Entwicklung eines Gewerbegebietes recht langwierig, zumal eine Vielzahl von Trägern öffentlicher Belange gemäß § 4 BauGB (z. B. Naturschutzbehörden, Energieversorger, andere Gemeinden) sowie die Bürgerinnen und Bürger beteiligt werden und deren Anregungen und Bedenken in dem Prozess verarbeitet werden müssen. 438

Zu e): Der gemeindliche Hebesatz kann ein Argument für oder gegen die Ansiedlung von Unternehmen sein, insbesondere dann, wenn deutliche Unterschiede zwischen benachbarten Gemeinden innerhalb oder außerhalb eines Bundeslandes oder mehrerer Länder vorhanden sind. Am auffälligsten ist hier die Entwicklung in der Stadt Monheim am Rhein, die mehrfach die Gewerbesteuerhebesätze deutlich gesenkt und hierdurch zahlreiche Unternehmen (auch zulasten anderer Städte) nach Monheim „gelockt" hat.[45] 439

Insgesamt kann die Gewerbesteuerentwicklung nur bedingt geplant werden. Die Orientierungsdaten zur Ergebnis- und Finanzplanung gehen bei der Gewerbesteuer im Regelfall von Steigerungen für die Planjahre aus, während die Jahresergebnisse aus den vorgenannten Gründen schwanken. Hinzu kommt noch, dass in NRW rd. 86,4 % der Gemeinden ihre Gewerbesteuerhebesätze im Zeitraum zwischen 2010 und 2015 erhöhten[46], sodass neben unmittelbar unternehmensbezogenen Ergebnissen auch deutliche Hebesatzeffekte beim Gewerbesteueraufkommen berücksichtigt werden müssen. 440

Die sonstigen gemeindeeigenen Steuern (insbesondere die Hundesteuer, die Vergnügungsteuer, die Zweitwohnungsteuer) sind nicht konjunkturabhängig, haben aber im Vergleich zur Grund- oder Gewerbesteuer im Normalfall eine untergeordnete Bedeutung. 441

[45] (Timmler, 2017)

[46] https://www.kommunen-in-nrw.de/mitgliederbereich/mitteilungen/detailansicht/dokument/ey-studie-zur-entwicklung-der-realsteuerhebesaetze.html?cHash=79ef8baa37608ee66bf80b3fbb2a4aa0

5. Der kommunale Finanzausgleich

5.1 NOTWENDIGKEIT DES FINANZAUSGLEICHS

442 Der Finanzausgleich verfolgt das Ziel, die unterschiedliche Finanzkraft der einzelnen Gebietskörperschaften auszugleichen. Mit dem Begriff „Finanzkraft“ ist vereinfacht das quantitative Aufkommen der wichtigsten Steuerarten gemeint. Eine Gemeinde mit 30.000 Einwohnern, die ein Steueraufkommen bei den Grund- und Gewerbesteuern sowie bei den Beteiligungen an der Einkommen- und Umsatzsteuer in Höhe von 40 Mio. € aufweist, ist gegenüber einer gleich großen Gemeinde mit einem Aufkommen von 20 Mio. € relativ „steuerstark“, verfügt also über eine hohe Finanzkraft.

443 Der heutige Finanzausgleich ist historisch in seinen Grundzügen auf das System der Reichsüberweisungssteuern des Reichsfinanzministers Matthias Erzberger zurückzuführen, das er um 1919/20 entwickelte. Der Rechts- und Staatswissenschaftler Johannes Popitz gestaltete den Finanzausgleich zwischen dem Bund, den Ländern und den Gemeinden im Jahr 1932 um, und im Dezember 1937 wurden die Grundsätze des Finanz- und Lastenausgleichs zwischen Ländern und Gemeinden bzw. Gemeindeverbänden verabschiedet. Die Gemeindefinanzreform von 1969[47] übernahm wesentliche Teile des Systems von Popitz bezüglich des Steuerverbundes.

444 Man unterscheidet beim Finanzausgleich zwischen

- dem Finanzausgleich im weiteren Sinn und
- dem Finanzausgleich im engeren Sinn.

445 Der Finanzausgleich im weiteren Sinn ist in Art 106 GG geregelt (vgl. Kapitel 1.1). Die dort beschriebene Steuerverteilung reicht aber nicht aus, um die Finanzkraft der Länder angemessen auszugleichen. Ein Grundgedanke hierbei ist, die Gleichwertigkeit der Lebensverhältnisse in Deutschland herzustellen. Dieser Begriff wird seit dem 15.11.1994 in Art. 72 GG verwendet und ersetzte den Begriff der „einheitlichen Lebensverhältnisse“. Nach Art. 72 Abs. 2 GG obliegt dem Bund auf den dort genannten Gebieten das Gesetzgebungsrecht, u. a. zur Herstellung gleichwertiger Lebensverhältnisse. Der Begriff „gleichwertig“ bedeutet aber nicht „gleich“, da beispielsweise in Großstädten andere Bedarfe erforderlich sind oder Ansprüche formuliert werden als z. B. in ländlichen Gebieten. Beispielsweise war (und ist) es nach der deutschen Wiedervereinigung ein (langfristiges) Ziel, die Gleichwertigkeit der Lebensverhältnisse in Ost- und Westdeutschland zu erreichen. Betrachtet man die jeweilige Situation in verschiedenen Städten in NRW, muss man feststellen, dass die Lebensverhältnisse vielfach nicht gleichwertig sind.

---

[47] Vgl. Gesetz zur Neuordnung der Gemeindefinanzen (Gemeindefinanzreformgesetz) vom 8. September 1969 (BGBl. I, S. 1.587).

Beim Finanzausgleich im engeren Sinn wird unterschieden zwischen 446

- dem horizontalen Finanzausgleich (dem Finanzausgleich zwischen den Ländern) und
- dem vertikalen Finanzausgleich (dem Finanzausgleich zwischen dem Bund und den Ländern sowie den Ländern und Gemeinden).

Art. 107 GG enthält Bestimmungen über den horizontalen Finanzausgleich. Das darin genannte Bundesgesetz ist das Finanzausgleichsgesetz (FAG). Art. 107 GG lautet: 447

(1) Das Aufkommen der Landessteuern und der Länderanteil am Aufkommen der Einkommensteuer und der Körperschaftsteuer stehen den einzelnen Ländern insoweit zu, als die Steuern von den Finanzbehörden in ihrem Gebiet vereinnahmt werden (örtliches Aufkommen). Durch Bundesgesetz, das der Zustimmung des Bundesrates bedarf, sind für die Körperschaftsteuer und die Lohnsteuer nähere Bestimmungen über die Abgrenzung sowie über Art und Umfang der Zerlegung des örtlichen Aufkommens zu treffen. Das Gesetz kann auch Bestimmungen über die Abgrenzung und Zerlegung des örtlichen Aufkommens anderer Steuern treffen. Der Länderanteil am Aufkommen der Umsatzsteuer steht den einzelnen Ländern, vorbehaltlich der Regelungen nach Absatz 2, nach Maßgabe ihrer Einwohnerzahl zu. 448

(2) Durch Bundesgesetz, das der Zustimmung des Bundesrates bedarf, ist sicherzustellen, dass die unterschiedliche Finanzkraft der Länder angemessen ausgeglichen wird; hierbei sind die Finanzkraft und der Finanzbedarf der Gemeinden (Gemeindeverbände) zu berücksichtigen. Zu diesem Zweck sind in dem Gesetz Zuschläge zu und Abschläge von der jeweiligen Finanzkraft bei der Verteilung der Länderanteile am Aufkommen der Umsatzsteuer zu regeln. Die Voraussetzungen für die Gewährung von Zuschlägen und für die Erhebung von Abschlägen sowie die Maßstäbe für die Höhe dieser Zuschläge und Abschläge sind in dem Gesetz zu bestimmen. Für Zwecke der Bemessung der Finanzkraft kann die bergrechtliche Förderabgabe mit nur einem Teil ihres Aufkommens berücksichtigt werden. Das Gesetz kann auch bestimmen, dass der Bund aus seinen Mitteln leistungsschwachen Ländern Zuweisungen zur ergänzenden Deckung ihres allgemeinen Finanzbedarfs (Ergänzungszuweisungen) gewährt. Zuweisungen können unabhängig von den Maßstäben nach den Sätzen 1 bis 3 auch solchen leistungsschwachen Ländern gewährt werden, deren Gemeinden (Gemeindeverbände) eine besonders geringe Steuerkraft aufweisen (Gemeindesteuerkraftzuweisungen), sowie außerdem solchen leistungsschwachen Ländern, deren Anteile an den Fördermitteln nach Artikel 91b ihre Einwohneranteile unterschreiten. 449

Zusammengefasst lässt sich Folgendes feststellen: 450

1. Die Erhebung der Landessteuern (vgl. Art. 106 Abs. 2 GG) erfolgt nach örtlichem Aufkommen. Beispielsweise steht die Biersteuer eines Betriebs im Landkreis Friesland dem Land Niedersachsen zu, die Biersteuer eines sauerländischen Betriebs dem Land NRW. 451

452 2. Das Örtlichkeitsprinzip gilt auch bei den Länderanteilen am Aufkommen der Einkommensteuer und der Körperschaftsteuer sowie der Gewerbesteuerumlage (vgl. Kapitel 6.3).
453 3. Nach § 2 FAG erhalten – vereinfacht – relativ steuerschwache Länder vorab Ergänzungsanteile aus dem Umsatzsteueraufkommen der Ländergesamtheit. Danach erfolgt eine Verteilung nach der Einwohnerzahl der jeweiligen Länder.

454 Im zweiten Abschnitt des FAG ist der Finanzausgleich zwischen den Ländern geregelt. §§ 4 und 5 FAG lauten:

455 § 4 Ausgleichsleistungen

456 Zur Durchführung des Finanzausgleichs unter den Ländern werden aus Beiträgen der ausgleichspflichtigen Länder (Ausgleichsbeiträge) Zuschüsse an die ausgleichsberechtigten Länder (Ausgleichszuweisungen) geleistet.

457 § 5 Ausgleichspflichtige und ausgleichsberechtigte Länder

458 (1) Ausgleichspflichtig sind die Länder, deren Finanzkraftmesszahl in dem Kalenderjahr, für das der Ausgleich durchgeführt wird (Ausgleichsjahr), ihre Ausgleichsmesszahl übersteigt.

459 (2) Ausgleichsberechtigt sind die Länder, deren Finanzkraftmesszahl im Ausgleichsjahr ihre Ausgleichsmesszahl nicht erreicht.

460 Die Finanzkraftmesszahl wird aus den Landessteuern und den Gemeindesteuern (Grundsteuern, Gewerbesteuer abzüglich Gewerbesteuerumlage) bzw. den Steuerbeteiligungen an der Einkommen- und Umsatzsteuer ermittelt.

461 Die Ausgleichsmesszahl ergibt sich aus der Summe der genannten Steuern pro Einwohner aller Länder, vervielfacht um die Einwohnerzahl eines jeweiligen Landes; hierbei werden die Einwohnerzahlen der Stadtstaaten Berlin, Hamburg und Bremen mit 135 % sowie einiger ostdeutschen Bundesländer höher gewichtet (Mecklenburg-Vorpommern mit 105 %, Brandenburg mit 103 % und Sachsen-Anhalt mit 102 %).

462 Der horizontale Finanzausgleich dient also dazu, ein unterdurchschnittliches Steueraufkommen auszugleichen. Hierbei ist es erwähnenswert, dass das Land NRW ab 1950 der größte Zahler bzw. Geber war, Bayern allerdings bis 1986 zu den Nehmerländern gehörte. Baden-Württemberg und Hessen erhielten noch nie Ausgleichsleistungen, das Saarland und Niedersachsen zahlten dagegen zu keinem Zeitpunkt. Im Jahr 2016 gestaltete sich der Länderfinanzausgleich wie folgt (in Mio. €)[48]:

[48] (Statista GmbH, 2018)

	Geber	Nehmer
Berlin		4.232,88
NRW		1.243,42
Sachsen		1.184,11
Niedersachsen		695,93
Bremen		691,80
Thüringen		640,73
Brandenburg		606,94
Sachsen-Anhalt		538,66
Mecklenburg-Vorpommern		522,71
Rheinland-Pfalz		392,40
Schleswig-Holstein		238,56
Saarland		198,32
Hamburg	-40,13	
Hessen	-2.480,42	
Baden-Württemberg	-2.779,40	
Bayern	-5.886,51	
	-11.186,46	11.186,46

463

Ein direkter horizontaler Finanzausgleich zwischen den Gemeinden findet nicht statt. Von 2012 bis 2017 zahlten relativ finanzstarke Städte und Gemeinden in NRW eine Solidaritätsumlage an das Land, die zur Teilfinanzierung des Stärkungspaktes Stadtfinanzen dienen sollte. Hier gelten die Bestimmungen des Gesetzes zur Unterstützung der kommunalen Haushaltskonsolidierung im Rahmen des Stärkungspaktes Stadtfinanzen, insbesondere §§ 1 und 2 des Stärkungspaktgesetzes, die hier nicht näher erläutert werden. Die aktuelle Landesregierung hat allerdings diese Solidaritätsumlage ab 2018 abgeschafft. 464

Aus kommunaler Sicht ist der vertikale Finanzausgleich entscheidend. Hiernach erhalten die Gemeinden bzw. Gemeindeverbände seitens der Länder Finanzzuweisungen. Eine direkte Zuweisung von Bundesmitteln an die Gemeinden bzw. Gemeindeverbände ist rechtlich zurzeit nicht möglich. Der Bund kann aber beispielsweise Finanzhilfen nach Art. 104b GG gewähren; diese werden aber an die Länder gezahlt, die die Mittel dann vollständig oder nur teilweise an die Gemeinden bzw. Gemeindeverbände weiterleiten. Die Vorschrift lautet: 465

(1) Der Bund kann, soweit dieses Grundgesetz ihm Gesetzgebungsbefugnisse verleiht, den Ländern Finanzhilfen für besonders bedeutsame Investitionen der Länder und der Gemeinden (Gemeindeverbände) gewähren, die 466

1. zur Abwehr einer Störung des gesamtwirtschaftlichen Gleichgewichts oder
2. zum Ausgleich unterschiedlicher Wirtschaftskraft im Bundesgebiet oder
3. zur Förderung des wirtschaftlichen Wachstums

467 erforderlich sind. Abweichend von Satz 1 kann der Bund im Falle von Naturkatastrophen oder außergewöhnlichen Notsituationen, die sich der Kontrolle des Staates entziehen und die staatliche Finanzlage erheblich beeinträchtigen, auch ohne Gesetzgebungsbefugnisse Finanzhilfen gewähren.

468 (2) Das Nähere, insbesondere die Arten der zu fördernden Investitionen, wird durch Bundesgesetz, das der Zustimmung des Bundesrates bedarf, oder auf Grund des Bundeshaushaltsgesetzes durch Verwaltungsvereinbarung geregelt. Das Bundesgesetz oder die Verwaltungsvereinbarung kann Bestimmungen über die Ausgestaltung der jeweiligen Länderprogramme zur Verwendung der Finanzhilfen vorsehen. Die Festlegung der Kriterien für die Ausgestaltung der Länderprogramme erfolgt im Einvernehmen mit den betroffenen Ländern. Zur Gewährleistung der zweckentsprechenden Mittelverwendung kann die Bundesregierung Bericht und Vorlage der Akten verlangen und Erhebungen bei allen Behörden durchführen. Die Mittel sind befristet zu gewähren und hinsichtlich ihrer Verwendung in regelmäßigen Zeitabständen zu überprüfen. Die Finanzhilfen sind im Zeitablauf mit fallenden Jahresbeträgen zu gestalten.

469 (3) Bundestag, Bundesregierung und Bundesrat sind auf Verlangen über die Durchführung der Maßnahmen und die erzielten Verbesserungen zu unterrichten.

Neu in das Grundgesetz aufgenommen wurde Art. 104c GG. Hiernach kann der Bund den Ländern Finanzhilfen für gesamtstaatlich bedeutsame Investitionen der finanzschwachen Gemeinden (Gemeindeverbände) im Bereich der kommunalen Bildungsinfrastruktur gewähren. Artikel 104b Absatz 2 und 3 gilt entsprechend. Ziel dieser Vorschrift ist es, die Gemeinden und Gemeindeverbände bei der Modernisierung bzw. dem Abbau von „Investitionsstaus“ vor allem im Schulbereich zu unterstützen. Im Nachtragshaushalt des Bundes für 2016 wurden hierfür 3,5 Mrd. € bereitgestellt. Mit Blick auf die bisherigen verfassungsrechtlichen Regelungen wurde die Einführung des Art. 104c GG teilweise sehr kritisch gesehen, insbesondere seitens derjenigen, die auf eine klare Verantwortung der Länder gegenüber den Gemeinden in Bezug auf eine angemessene und auskömmliche Finanzausstattung verwiesen.

470 Nachfolgend wird der vertikale Finanzausgleich zwischen den Ländern und den Gemeinden bzw. Gemeindeverbänden betrachtet, wobei sich die landesrechtlichen Ausführungen auf nordrhein-westfälisches Recht beschränken.

471 Nach Art. 106 Abs. 7 GG fließt den Gemeinden und Gemeindeverbänden von dem Länderanteil am Gesamtaufkommen der Gemeinschaftsteuern insgesamt ein von der Landesgesetzgebung zu bestimmender Hundertsatz zu. Im Übrigen bestimmt die Landesgesetzgebung, ob und inwieweit das Aufkommen der Landessteuern den Gemeinden (Gemeindeverbänden) zufließt.

Dies bedeutet, dass die Länder den Anteil der Gemeinschaftsteuern bzw. Landessteuern bestimmen, der an die Gemeinden bzw. Gemeindeverbände weitergeleitet wird. 472

Nach Art. 79 S. 2 LVerf NRW ist das Land verpflichtet, im Rahmen seiner finanziellen Leistungsfähigkeit einen übergemeindlichen Finanzausgleich zu gewährleisten. Dies bedeutet, dass die wirtschaftliche und finanzielle Situation des Landes den Inhalt und das Ausmaß des Finanzausgleichs beeinflusst. 473

Das maßgebliche Gesetz zur Umsetzung des Finanzausgleichs ist das Gemeindefinanzierungsgesetz (GFG). Es wird für jedes Jahr neu gefasst. Detaillierte Ausführungen hierzu erfolgen in den folgenden Kapiteln. 474

5.2 FINANZAUSGLEICH UND HAUSHALTSAUSGLEICH

Nach § 75 Abs. 2 GO muss der Haushalt in jedem Jahr ausgeglichen sein; maßgeblich hierfür ist der Ergebnisplan bzw. die Ergebnisrechnung, also die Differenz zwischen Erträgen und Aufwendungen. Im kommunalen Haushaltsrecht gilt in der Regel der Grundsatz der Gesamtdeckung. Danach dienen die Erträge insgesamt zur Deckung der Aufwendungen; Gleiches gilt für die Einzahlungen und Auszahlungen aus laufender Verwaltungstätigkeit, vgl. § 20 Ziff. 1 und 2 GemHVO. Für die Deckung kommunaler Aufwendungen bei gleichzeitiger Gestaltungsfreiheit wäre es also vorteilhaft, wenn den Gemeinden und Gemeindeverbänden Mittel aus dem vertikalen Finanzausgleich möglichst ohne nähere Zweckbestimmung zufließen würden. 475

Weiterhin sollen die Einzahlungen aus Investitionstätigkeit entsprechende Auszahlungen (anteilig) decken, vgl. § 20 Nr. 3 GemHVO. Zu diesen Einzahlungen gehören auch investive Zuweisungen des Landes nach dem GFG. Die Auswirkungen dieser Zuweisungen – auch auf den Haushaltsausgleich – werden später beschrieben. 476

Bedauerlicherweise reichen in zahlreichen Städten und Gemeinden in NRW die Erträge, auch unter Berücksichtigung der Zuweisungen aus dem vertikalen Finanzausgleich, insgesamt nicht aus, um die Haushalte ausgleichen zu können. Seit Jahren fordern die Städte eine höhere (oder gerechtere) Beteiligung aus dem Finanzausgleich. Der Verfassungsgerichtshof NRW hat allerdings mit Urteil vom 10.05.2016 – VerfGH 24/13 – u. a. erklärt, dass „gemäß Art. 79 Satz 2 LV NRW (...) das Land zur Gewährleistung eines übergemeindlichen Finanzausgleichs nur im Rahmen seiner finanziellen Leistungsfähigkeit verpflichtet (ist). Der Gesetzgeber ist von Verfassungs wegen nicht gehalten, notwendige Ausgaben – auch nicht im Sozialbereich – betragsmäßig abzuschätzen und den Kommunen im Rahmen des Finanzausgleichs unabhängig von der finanziellen Leistungsfähigkeit des Landes zur Verfügung zu stellen." 477

Grundsätzlich gilt, dass die Gemeinden und Gemeindeverbände die ihnen entstehenden Aufwendungen durch eigene Erträge decken müssen. Die Zuweisungen nach dem GFG werden nur ergänzend geleistet. Der VerfGH hat klargestellt, dass die Ausgestaltung des Finanzausgleichs vor allem von der finanziellen Lage des Landes abhängig ist. Aus kommu- 478 naler Sicht ist dieses Urteil durchaus unbefriedigend, da viele Städte und Gemeinden insbesondere aufgrund gestiegener Sozial- und Jugendhilfeaufwendungen freiwillige Leistungen reduzieren oder die kommunale Infrastruktur teilweise nur unzureichend instand halten.

479 Hinzu kommt noch, dass der Haushaltsausgleich mit der Umstellung auf das Neue Kommunale Finanzmanagement (NKF), also das seit dem 1.1.2005 in NRW geltende Finanz- und Rechnungswesen, schwieriger geworden ist. Früher mussten – vereinfacht – die Einnahmen die Ausgaben decken. Im NKF kommen zahlungsunwirksame Bestandteile wie z. B. Abschreibungen und Rückstellungen auf der Aufwandsseite und Sonderposten bei den Erträgen hinzu; die zahlungsunwirksamen Aufwendungen übersteigen im Regelfall die zahlungsunwirksamen Erträge deutlich.

480 Die Zuweisungen an die Gemeinden und Gemeindeverbände sind in § 1 GFG[49] geregelt:

481 § 1 Zuweisungen des Landes an die Gemeinden und Gemeindeverbände

482 (1) Die Gemeinden und Gemeindeverbände tragen die Kosten ihrer eigenen und der ihnen übertragenen Aufgaben, soweit durch Gesetz nichts anderes bestimmt ist.

483 (2) Die Gemeinden und Gemeindeverbände erhalten vom Land im Wege des Finanz- und Lastenausgleichs zur Ergänzung ihrer eigenen Erträge allgemeine und zweckgebundene Zuweisungen für die Erfüllung ihrer Aufgaben.

484 (3) Die Gemeinden und Gemeindeverbände erhalten einen Anteil am Steueraufkommen des Landes (Steuerverbund) gemäß §§ 2 bis 19.

485 (4) Die Gemeinden und Gemeindeverbände erhalten ferner Zuweisungen nach näherer Bestimmung dieses Gesetzes (§§ 20, 21, 21a) sowie nach Maßgabe des Haushaltsplans des Landes (§ 22).

486 (5) Soweit den Gemeinden und Gemeindeverbänden Zuwendungen auf Grund besonderer Gesetze gewährt werden, bleiben diese unberührt.

487 (6) Gemeindeverbände im Sinne dieses Gesetzes sind die Kreise, die Landschaftsverbände und die Städteregion Aachen gemäß § 1 Absatz 1 des Städteregion Aachen Gesetzes vom 26. Februar 2008 (GV. NRW. S. 162), das durch Artikel 3 des Gesetzes vom 1. Oktober 2015 (GV. NRW. S. 698) geändert worden ist. Soweit in diesem Gesetz nichts anderes geregelt ist, gelten für die Städteregion Aachen die Regelungen für Kreise und für die regionsangehörigen Gemeinden gemäß § 4 Absatz 1 Satz 3 und § 5 des Städteregion Aachen Gesetzes die Regelungen für kreisangehörige Gemeinden.

488 Die Zusammensetzung und Verteilung der Zuwendungen wird nachfolgend beschrieben.

---

[49] In diesem Buch wird, sofern nichts anderes erwähnt ist, auf das GFG 2017 vom 15.12.2016 (GV. NRW. 2016 S. 1.130) Bezug genommen.

5.3 STRUKTUR DER FINANZAUSGLEICHSMASSE

Die §§ 2–19 GFG regeln die Zuweisungen innerhalb des Steuerverbunds. Der Steuerverbund wird in § 2 GFG erläutert. Nach § 2 Abs. 1 GFG stellt das Land den Gemeinden und Gemeindeverbänden 23 % (Verbundsatz) seines Anteils an der Einkommensteuer, der Körperschaftsteuer und der Umsatzsteuer (Gemeinschaftsteuern) zur Verfügung. Ferner beteiligt das Land die Gemeinden und Gemeindeverbände in Höhe des Verbundsatzes an vier Siebteln seiner Einnahmen aus der Grunderwerbsteuer. 489

Strittig war seit vielen Jahren die Höhe des Verbundsatzes. Den höchsten Stand hatte der Verbundsatz mit 28,5 % im Jahr 1981. Da bereits auch in den Achtzigerjahren gespart werden musste, wurde der Verbundsatz schrittweise bis auf 23 % im Jahr 1986 gesenkt; dieser Prozentsatz ist weiterhin aktuell. 490

An dieser Stelle wird darauf hingewiesen, dass die Gemeinden nach § 2 GFG Anteile des Landes an der Einkommen-, Körperschaft- und Umsatzsteuer erhalten. Hiervon unberührt ist – in Bezug auf die Einkommen- und Umsatzsteuer – der Finanzausgleich im weiteren Sinn nach Art. 106 Abs. 3, 5 und 5a GG. 491

Daneben werden den Gemeinden und Gemeindeverbänden vier Siebtel des Grunderwerbsteueraufkommens zugewiesen. Bitte nicht mit der Grundsteuer verwechseln: die Grunderwerbsteuer ist eine Ländersteuer nach Art. 105 Abs. 2a i. V. m. Art. 106 Abs. 2 Nr. 3 GG, vgl. Kapitel 1.1. 492

Der Verbundsatz nach § 2 Abs. 1 GFG enthält 1,17 Prozentpunkte zur vorläufigen pauschalen Abgeltung von Ausgleichsansprüchen aus der Beteiligung der Gemeinden und Gemeindeverbände an den finanziellen Belastungen des Landes aus der Deutschen Einheit im Haushaltsjahr 2017. 493

Die Gemeinden und Gemeindeverbände müssen sich bis zum Jahr 2019 an den finanziellen Lasten aus der Deutschen Einheit beteiligen. Dieses erfolgt zunächst über die Erhöhung der Gewerbesteuerumlage (vgl. Kapitel 6.3). Im GFG wird ein vorläufiger Anteil über den Verbundsatz pauschal abgegolten. Mit einem zeitlichen Versatz von zwei Jahren (also letztmalig im Jahr 2021) wird die jeweilige, tatsächlich zu erbringende Beteiligung der Gemeinden nach dem Einheitslastenabrechnungsgesetz „spitz" abgerechnet. 494

§ 2 Abs. 2 GFG beschreibt die Berechnung der Finanzausgleichsmasse. Die Vorschrift ist recht kompliziert und wenig verständlich, da zahlreiche Erhöhungen oder Verminderungen das maßgebliche Steuer-Istaufkommen beeinflussen. Diese Veränderungen sind auf unterschiedliche Gesetze zurückzuführen. 495

496 Nach § 3 GFG wird die Finanzausgleichsmasse zusätzlich reduziert. Danach werden

497 1. für die im Haushaltsjahr 2017 vom Land für die Gemeinden und Gemeindeverbände aufgrund gesetzlicher Vorschriften und vertraglicher Vereinbarungen zu entrichtenden Tantiemen Mittel in Höhe von 4 327 000 Euro und
498 2. für die kommunale Beteiligung an der Finanzierung der Konsolidierungshilfen nach § 2 Absatz 3 des Stärkungspaktgesetzes vom 9. Dezember 2011 (GV. NRW. S. 662), das zuletzt durch Artikel 1 des Gesetzes vom 15. November 2016 (BGBl. I S. 973) geändert worden ist, Mittel in Höhe von 185 000 000 Euro

abgezogen.

499 Der erste Fall betrifft die Bibliothekstantiemen, die das Land gemäß § 27 des Urheberrechtsgesetzes an eine Verwertungsgesellschaft (namens VG Wort) dafür entrichtet, dass Bücher und andere urheberrechtsgeschützte Medien durch öffentliche Bibliotheken verliehen werden. Der Einfachheit halber erfolgt diese Abrechnung durch das Land, das aber die zu entrichtenden Tantiemen bei der Finanzausgleichsmasse abzieht.

500 Die kommunale Beteiligung an der Finanzierung der Konsolidierungshilfen wird zusätzlich zur Solidaritätsabgabe, die nur „finanzstarke" Städte und Gemeinden bis einschließlich 2017 leisten mussten, von der Finanzausgleichsmasse abgezogen. Somit beteiligen sich sämtliche Gemeinden und Gemeindeverbände an der Finanzierung der Konsolidierungshilfen. Der Vorwegabzug soll schrittweise reduziert werden.

501 Die zu verteilende Finanzausgleichsmasse beträgt im Jahr 2017 10.642.985.000 Euro (vgl. Anlage 1 zum GFG 2017). Diese wird nach § 4 GFG auf

1. Schlüsselzuweisungen,
2. Investitionspauschalen,
3. fachbezogene Sonderpauschalen und
4. Bedarfszuweisungen

aufgeteilt.

502 Zu 1.: Schlüsselzuweisungen werden an die Gemeinden und Gemeindeverbände gezahlt, deren Finanzbedarf die Steuerkraft übersteigt. Während die Steuerkraft auf tatsächlichen Einzahlungen basiert, wird der gemeindliche Finanzbedarf mithilfe von verschiedenen Parametern ermittelt. Die genaue Berechnung erfolgt im Kapitel 5.5.

503 Zu 2.: Investitionen sind (in NRW) Auszahlungen für Vermögensgegenstände. Haushaltsrechtlich sind diese Auszahlungen im Finanzplan der Kontengruppe 78 zuzuordnen, vgl. Anlage 17 VV Muster zur GO und GemHVO. Hierunter fällt z. B. die erstmalige Errichtung oder Wiederherstellung von Straßen, der Kauf von Fahrzeugen, der Bau von Gebäuden oder der Erwerb von Grundstücken oder Finanzanlagen. Generell nimmt bei investiven Geschäftsvorfällen das Sachvermögen (Anlage- oder Umlaufvermögen) auf der Aktivseite der Bilanz zu.

Die allgemeinen Investitionspauschalen nach § 16 GFG, deren Aufteilung im Kapitel 5.4 beschrieben wird, sind ausschließlich für die Finanzierung von kommunalen Investitionen vorgesehen. Haushaltsrechtlich stellen sie Zuwendungen für Investitionsmaßnahmen dar, die bei der Kontengruppe 68 veranschlagt bzw. gebucht werden. In der Bilanz werden sie auf passive Bestandskonten gebucht, entweder bei den Kontengruppen 37 oder 38 als erhaltene Anzahlungen auf Sonderposten (bevor der zugeordnete Vermögensgegenstand aktiviert wird) oder – nach Aktivierung des Vermögensgegenstandes – bei den Sonderposten aus Zuwendungen, vgl. Kontengruppe 23. Von den allgemeinen Investitionspauschalen wird der kommunale Anteil an den Zins- und Tilgungsleistungen des Landes für Investitionshilfen des Bundes abgezogen, die als konjunkturpolitische Maßnahme im Jahr2009 nach der Finanz- und Wirtschaftskrise geleistet wurden (sogenanntes „Konjunkturpaket II“); hiervon wurden insbesondere energetische Sanierungen von Schulen oder Kindertagesstätten finanziert. 504

Zu 3.: Die fachbezogenen Sonderpauschalen sollen zur Finanzierung spezieller, zweckbestimmter Bedarfe der Gemeinden und Gemeindeverbände verwendet werden. Hierzu gehören die Schul- und Bildungspauschale und die Sportpauschale. Erstere wird gemäß §17 GFG zur kommunalen Unterstützung im Schulbereich sowie für Investitionsmaßnahmen im Bereich der frühkindlichen Bildung gewährt. Die Mittel können für den Neu-, Um- und Erweiterungsbau, den Erwerb, die Modernisierung und für raumbildende Ausbauten sowie für die Einrichtung und Ausstattung von Schulgebäuden und kommunalen Kindertageseinrichtungen eingesetzt werden. Mit den Mitteln der Schulpauschale/Bildungspauschale können darüber hinaus Instandsetzungen von Schulgebäuden sowie Mieten und Leasingraten für Schulgebäude finanziert werden. Dieses bedeutet, dass diese Pauschale auch für die laufende Verwaltungstätigkeit, also „konsumtiv“, verwendet werden kann, z. B. für Instandsetzungen an oder die Miete bzw. Leasing von Schulgebäuden, nicht aber z. B. für den Personalaufwand der Schulhausmeister. 505

Mit der Schul- bzw. Bildungspauschale werden beispielsweise folgende Maßnahmen (anteilig) finanziert: 506

- der Neubau oder die Erweiterung von Schulen oder Kindertageseinrichtungen
- die Ausstattung von Schulen mit Computern, Möbeln oder anderen Einrichtungsgegenständen
- umfangreiche Sanierungsmaßnahmen an Schulen, z. B. Umbauten von Fachräumen oder die Instandsetzung bzw. Modernisierung von Toiletten
- die Erweiterung oder Verbesserung des Außengeländes

Die Bildungspauschale darf auch an freie Träger von Kindertageseinrichtungen für entsprechen de Zwecke weitergeleitet werden. 507
Die Sportpauschale nach § 18 GFG ist von den Gemeinden für den Neu-, Um- und Erweiterungsbau, den Erwerb sowie für die Neuanlagen, Wiederaufbauten, Modernisierung, raumbildende Ausbauten und für die Einrichtung und Ausstattung von Sportstätten einzusetzen. Mit den Mitteln der Sportpauschale können darüber hinaus Instandsetzungen von Sportstätten sowie Mieten und Leasingraten für Sportstätten finanziert werden. Auch hier

gilt, dass die Mittel ganz oder teilweise „konsumtiv“ verwendet werden können oder an Sportvereine mit eigenen Anlagen für die in § 18 GFG beschriebenen Zwecke weitergeleitet werden dürfen. Zu den Sportstätten gehören Stadien, Sportplätze, Sporthallen oder Bäder.

508 Zu 4.: Die verschiedenen Bedarfszuweisungen sind in § 19 GFG aufgeführt. Mit ihnen verfolgt das Land das Ziel, verschiedene Gebietskörperschaften finanziell zu unterstützen, damit sie außergewöhnliche oder unvorhersehbare finanzielle Belastungen überwinden können, vgl. § 19 Abs. 1 GFG. Die Mittel sind bestimmt für:

509 1. pauschale Zuweisungen an Gemeinden, die durch ihre Funktion als anerkannter Kurort außergewöhnliche Belastungen tragen (Kurortehilfe);

510 2. pauschale Zuweisungen an Gemeinden zum Ausgleich außergewöhnlicher Härten bei der Erhebung von Abwassergebühren (Abwassergebührenhilfe). Die Abwassergebührenhilfe wird auf Antrag Gemeinden gewährt, deren nach den Vorgaben des für Kommunales zuständigen Ministeriums zu berechnender individueller Abwassergebührensatz über einem fiktiven Höchstbetrag von 6,04 Euro liegt;

511 3. pauschale Zuweisungen an Gemeinden zur Milderung von Belastungen im Zusammenhang mit der Stationierung von Gaststreitkräften (Gaststreitkräftestationierungshilfe);

512 4. pauschale Zuweisungen an die Landschaftsverbände zur Milderung von Belastungen, die durch die landschaftliche Kulturpflege entstehen; der Betrag wird zu jeweils der Hälfte auf den Landschaftsverband Westfalen-Lippe sowie den Landschaftsverband Rheinland aufgeteilt;

513 5. Zuweisungen an Gemeinden und Gemeindeverbände zur Milderung von Härten, die sich aus der Durchführung des Finanzausgleichs ergeben, oder zur Überwindung außergewöhnlicher oder unvorhersehbarer finanzieller Belastungssituationen in Höhe von 7 100 200 Euro; diese Mittel können auch für Zuweisungen an Kommunen eingesetzt werden, mit denen Maßnahmen der Weiterentwicklung der kommunalen Selbstverwaltung, der interkommunalen Zusammenarbeit oder der Einführung und Verbreitung neuer Techniken bei der Durchführung kommunaler Aufgaben unterstützt werden.

514 Außerhalb des Steuerverbundes, also der verteilbaren Finanzausgleichsmasse, werden verschiedene Zuweisungen gemäß der §§ 20–22 GFG geleistet. Hierzu zählen

515 • die Kostenerstattung an den Rhein-Kreis Neuss, der landesweit Aufgaben auf dem Gebiet des Lastenausgleichs übernommen hat; im Rahmen des Lastenausgleichs werden finanzielle Entschädigungen an Deutsche (geschädigte Einheimische oder Vertriebene) gezahlt, die infolge des Zweiten Weltkriegs Vermögensschäden oder andere Nachteile erlitten hatten,

516 • die Kompensationsleistungen an die Gemeinden aufgrund von Steuererleichterungen für Familien,

517 • Ausgleichsleistungen an die Gemeinden für Verluste aufgrund des Steuervereinfachungsgesetzes 2011; dieses Gesetz umfasste zahlreiche steuerrechtliche Änderungen, die sich teilweise ebenfalls nachteilig auf die Gemeinden auswirkten (insb. bei der Einkommensteuerbeteiligung),

518 • Zuweisungen nach Maßgabe des Haushaltsplans des Landes.

5.4 BEDEUTUNG DER EINZELNEN TEILLEISTUNGEN

Die Finanzausgleichsmasse beträgt nach § 4 GFG 2017 10.642.985.000 Euro und wird wie folgt verteilt: 519

520

	Aufteilung der Finanzausgleichs-masse in Euro	**Anteil in %**
Schlüsselzuweisungen	9.035.790.100	84,90
Investitionspauschalen	889.412.300	8,36
Anteil kommunaler Zins- und Tilgungsleistungen	34.446.000	0,32
Schul-/Bildungspauschale	600.000.000	5,64
Sportpauschale	50.000.000	0,47
Bedarfszuweisungen	33.336.600	0,31
Summe	10.642.985.000	100,00

Der mit Abstand größte Anteil entfällt auf Schlüsselzuweisungen. 521

Nach § 6 GFG wird insgesamt ein Betrag von 9 035 790 100 Euro für Schlüsselzuweisungen zur Verfügung gestellt. Dieser Betrag wird aufgeteilt auf die Schlüsselmasse für 522

1. Gemeinden mit 7 092 446 900 Euro,
2. Kreise mit 1 057 152 600 Euro,
3. Landschaftsverbände mit 886 190 600 Euro.

Es werden also vorrangig – im GFG 2017 rd. 85 % – Finanzmittel zur Deckung des allgemeinen Bedarfs (aus laufender Verwaltungstätigkeit) zur Verfügung gestellt, die restlichen Mittel überwiegend zur Finanzierung von Investitionen. 523

Hierbei sind die kreisfreien Städte und die kreisangehörigen Städte und Gemeinden die „Hauptempfänger" der Schlüsselzuweisungen, wohingegen es den Kreisen und Landschaftsverbänden durch die Erhebung der Kreis- oder Landschaftsumlage systematisch leichter möglich ist, ihren Finanzbedarf zu decken. Würden Kreise oder Landschaftsverbände einen höheren Anteil an Schlüsselzuweisungen erhalten, müssten die Umlagen unter sonst gleichen Bedingungen sinken, da für deren Berechnung die gemeindliche Steuerkraft maßgeblich ist (vgl. Kapitel 5.6). 524

5.5 ERMITTLUNG DER ZU ERWARTENDEN SCHLÜSSELZUWEISUNGEN

525 Im Kapitel 5.3 wurde vereinfacht erwähnt, dass diejenigen Städte und Gemeinden Schlüsselzuweisungen erhalten, deren Finanzbedarf die jeweilige Steuerkraft übersteigt. Es ist für die Berechnung der Schlüsselzuweisungen z. B. unerheblich, wie hoch eine Gemeinde verschuldet ist. Bei der Berechnung der Finanzkraft wird auch nicht exakt berechnet, wie hoch der tatsächliche Finanzbedarf einer Stadt ist. Vielmehr werden verschiedene gemeindebezogene Daten für die Ermittlung der Finanzkraft zugrunde gelegt. Basis hierfür ist die sogenannte Ausgangsmesszahl.

526 Nach § 7 GFG erhält jede Gemeinde Schlüsselzuweisungen, deren Ausgangsmesszahl die Steuerkraftmesszahl übersteigt. Von dem Unterschiedsbetrag erhält sie dann 90 % als Schlüsselzuweisungen. Unterschreitet die Ausgangsmesszahl die Steuerkraftmesszahl, werden keine Schlüsselzuweisungen gezahlt.

527 Die Ausgangsmesszahl wird anhand eines Gesamtansatzes, multipliziert mit einem einheitlichen Grundbetrag, ermittelt, vgl. § 8 Abs. 1 GFG.

528 Der Gesamtansatz setzt sich nach § 8 Abs. 2 GFG zusammen aus

a) dem Hauptansatz,
b) dem Schüleransatz,
c) dem Soziallastenansatz,
d) dem Zentralitätsansatz und
e) dem Flächenansatz.

529 Dieser Systematik liegt die Annahme zugrunde, dass

- ein gemeindlicher Finanzbedarf mit der Einwohnerzahl (überproportional) steigt,
- die (wirtschaftliche und soziale) Struktur der Einwohner den Bedarf beeinflusst und
- die Fläche in Bezug auf die Bereitstellung kommunaler Infrastruktur grundsätzlich berücksichtigt werden muss.

530 Zu a): Nach § 8 Abs. 3 GFG wird der Hauptansatz den Gemeinden nach dem relevanten Einwohnerwert gewährt. Zur Ermittlung und Festsetzung des relevanten Einwohnerwertes wird die Zahl der Einwohner nach § 27 Absatz 3 Satz 1 GFG mit der durchschnittlichen Zahl der Einwohner nach § 27 Absatz 3 Satz 2 GFG verglichen. Der höhere Wert wird angesetzt. Für die Berücksichtigung im Hauptansatz wird dieser Wert nach der Gemeindegröße gewichtet (Hauptansatzstaffel – Anlage 2).

531 Liegt der Einwohnerwert einer Gemeinde zwischen zwei Stufen der Staffelklasse, so wird der Prozentsatz mit den dazwischen liegenden Werten angesetzt; der Prozentsatz wird auf eine Dezimalstelle hinter dem Komma aufgerundet.

Es finden also zwei Berechnungsschritte statt, um den Einwohnerwert zu ermitteln. Zunächst wird ein stichtagsbezogener Wert (im GFG 2017: die Einwohnerzahl der jeweiligen Gemeinde zum 31.12.2015) mit der durchschnittlichen Einwohnerzahl der dem Stichtag vorangegangenen drei Jahre (hier also den Einwohnerzahlen zum 31.12.2012, 2013 und 2014) verglichen. Der dann höhere Wert wird für die weitere Berechnung verwendet und im nächsten Schritt nach der Gemeindegröße gewichtet. 532

Der Bezug auf die Einwohnerzahlen mehrerer Jahre ist auf den seit dem GFG 2012 eingeführten Demografiefaktor, der einen Einwohnerrückgang in Gemeinden berücksichtigen soll, zurückzuführen. 533

Beispiel: 534

Einwohnerzahl Stadt W., jeweils am 31.12.:

535

2012	**2013**	**2014**	**2015**
27.725	27.596	27.443	27.822
Durchschnitt 2012–2014: 27.588			

Es gilt also (in diesem Beispiel) die Einwohnerzahl zum 31.12.2015. Im weiteren Schritt wird die Einwohnerzahl „veredelt". Dieses bedeutet, dass die Einwohnerzahl mit einem Faktor gewichtet wird. Hierzu bedient man sich der Hauptansatzstaffel (Anlage 2 zum GFG 2017): 536

537

Staffelklasse (Einwohner)	Hauptansatz (%)
25.000	100,0
42.500	103,0
65.000	106,0
91.500	109,0
123.000	112,0
159.000	115,0
200.000	118,0
245.500	121,0
295.500	124,0
350.000	127,0
409.500	130,0
473.500	133,0
542.000	136,0
615.500	139,0
Für Gemeinden mit mehr als 615.500 Einwohnern beträgt der Ansatz	142,0

538 Während z. B. jeder Einwohner in einer Stadt mit exakt 25.000 Einwohnern mit 100 % (also 1) gewichtet wird, wird jeder Einwohner einer Stadt mit 615.500 Einwohnern mit 139 % (oder 1,39) gewichtet, sodass der Hauptansatz 855.545 betragen würde. Da die Einwohnerzahlen aber im Regelfall zwischen zwei Staffelklassen liegen, wird der Prozentsatz mit den dazwischen liegenden Werten angesetzt und auf eine Dezimalstelle gerundet. In unserem Beispiel beträgt die Einwohnerzahl 27.822 und liegt zwischen den Hauptansätzen 100,0 und 103,0.

539 Der Hauptansatz wird wie folgt berechnet:

Hauptansatz = 100 + [(27.822 - 25.000) : (42.500 - 25.000))x (103 - 100)]
= 100 + 2.822 : 17.500 x 3

= 100,484 aufgerundet 100,5

540 Berechnet werden also:

- die Differenz zur unteren Einwohnerzahl (hier 2.822),
- die Differenz zwischen den Staffelklassen (hier 17.500) und
- die Differenz zwischen den Hauptansätzen (hier 3,0);

das Ergebnis wird mit 100 addiert. Mithilfe dieser Berechnung, der linearen Interpolation[50], wird der Hauptansatz ermittelt, indem die Einwohnerzahl mit dem Hauptansatz multipliziert wird.

541 Berechnung: 27.822 x 100,5 = 27.961 Einwohner

542 Im Ergebnis nimmt die Bedeutung jedes Einwohners mit steigender Einwohnerzahl zu. Begründet wird die „Einwohnerveredelung“ u. a. damit, dass größere Städte mehr Infrastruktur für ihre Einwohner und Besucher (z. B. Touristen, Konsumenten) vorhalten müssen.

543 Zu b): Nach § 8 Abs. 4 GFG wird der Schüleransatz den Gemeinden für jeden erfassten Schüler nach § 27 Absatz 5 an Schulen in eigener Trägerschaft gewährt. Für die Berücksichtigung im Schüleransatz wird die Zahl der Schüler gewichtet nach Schülern, die

1. im Ganztagsbetrieb beschult werden, mit 2,15,
2. im Halbtagsbetrieb beschult werden, mit 0,85.

544 Als Schülerzahl gilt (im GFG 2017) der Stichtag 15.10.2015.

545 <u>Beispiel:</u> Schülerzahl der Stadt W. am 5.10.2015: 2.700, davon im Ganztagsbetrieb 1.600. Berechnung des Schüleransatzes:

1.600 x 2,15 + 1.100 x 0,85 = 3.440 + 935 = 4.375 Schüler

[50] Vgl. z. B. https://www.bauformeln.de/mathematik/lineare-interpolation/

Die Gewichtung erfolgt (auch hier) nach politischen Vorgaben. Zunächst geht der Gesetzgeber (richtigerweise) davon aus, dass für Schulen im Ganztagsbetrieb deutlich höhere Aufwendungen anfallen. Daneben kann eine hohe Gewichtung von Ganztagsschulen auch damit begründet werden, dass es politisch wünschenswert ist, vorrangig Schulen im Ganztagsbetrieb bereitzustellen. 546

Zu c): Nach § 8 Abs. 5 GFG wird der Soziallastenansatz den Gemeinden für die erfassten Bedarfsgemeinschaften im Sinne von § 7 Absatz 3 des Zweiten Buches Sozialgesetzbuch – Grundsicherung für Arbeitsuchende – nach § 27 Absatz 6 gewährt. Für die Berücksichtigung im Soziallastenansatz wird die Zahl der Bedarfsgemeinschaften mit 17,63 multipliziert. 547

Beispiel: Zahl der Bedarfsgemeinschaften in der Stadt W. am 31.12.2015: 700 548

Berechnung des Soziallastenansatzes: 700 x 17,63 = 12.341 549

In den letzten Jahren ist der Soziallastenansatz im GFG deutlich erhöht worden. Hierdurch werden die Städte mit höheren Sozialhilfeaufwendungen nach dem SGB II („Hartz IV") im Finanzausgleich besonders berücksichtigt. Insbesondere aus dem kreisangehörigen bzw. ländlichen Raum wird der Anstieg des Soziallastenansatzes kritisiert, da hierdurch eine teilweise Umverteilung zu den kreisfreien Städten erfolgt. Naturgemäß wird diese Kritik von den kreisfreien oder kreisangehörigen Städten mit einer hohen Zahl an SGB II-Bedarfsgemeinschaften nicht geteilt. 550

Zu d): Nach § 8 Abs. 6 GFG wird der Zentralitätsansatz den Gemeinden für die erfassten sozialversicherungspflichtig Beschäftigten nach § 27 Absatz 7 gewährt. Für die Berücksichtigung im Zentralitätsansatz wird die Zahl der sozialversicherungspflichtig Beschäftigten mit 0,52 multipliziert. 551

Beispiel: Sozialversicherungspflichtig Beschäftigte in der Stadt W. am 31.12.2015: 14.500 552

Berechnung des Zentralitätsansatzes: 14.500 x 0,52 = 7.540 553

Hieraus ist ersichtlich, dass es für Städte vorteilhaft ist, einen – gemessen an der gesamten erwerbstätigen Bevölkerung – hohen Anteil sozialversicherungspflichtig Beschäftigter zu haben. Die ausschließlichen „Minijobber" (450-€-Kräfte) werden in dieser Zahl nicht berücksichtigt. Allerdings erwachsen den Gemeinden auch zusätzliche Aufwendungen durch einen hohen Anteil an Einpendlern. Kerngedanke des GFG ist es vorrangig, jene Zusatzaufwendungen der Gemeinde aus ihrer Zentralitätsfunktion im Finanzausgleich zu berücksichtigen. 554

Zu e): Der Flächenansatz wird nach § 8 Abs. 7 GFG den Gemeinden gewährt, die eine über dem Landesdurchschnitt liegende Fläche pro Einwohner aufweisen. Dieser Flächenanteil einer Gemeinde wird mit 0,18 multipliziert. Landesdurchschnitt ist das arithmetische Mittel aus der Gesamtheit der gemeindlichen Fläche-Einwohner-Relationen. Bei der Ermittlung des Flächenansatzes werden die Fläche einer Gemeinde nach § 27 Absatz 9 GFG und die 555

556 Einwohner einer Gemeinde nach § 27 Absatz 3 Satz 1 GFG berücksichtigt.
Beispiel:

Fläche der Stadt W. am 31.12.2015: 90,5 km^2

Einwohner der Stadt W. am 31.12.2015: 27.822

Fläche pro Einwohner: 90,5 : 27.822 = 0,0032528 km^2

Landesdurchschnitt NRW (fiktiv!) am 31.12.2015: 0,0025 km^2

Berechnung des Flächenansatzes: (0,0032528 – 0,0025) x 0,18 = 0,0007528 x 0,18 = 0,0001355

557 Die einzelnen Teilwerte werden addiert und bilden den Gesamtansatz. Dieser wird mit dem Grundbetrag nach § 28 Abs. 1 GFG multipliziert. Im folgenden fiktiven Beispiel beträgt dieser Grundbetrag (gerundet) 668 €. Als Ergebnis erhält man die Ausgangsmesszahl.

558 Berechnung der Ausgangsmesszahl:

559

Hauptansatz	27.961,00
+ Schüleransatz	4.375,00
+ Soziallastenansatz	12.341,00
+ Zentralitätsansatz	7.540,00
+ Flächenansatz	0,0001355
= Summe	52.217,0001355
x Grundbetrag	668,00
= Ausgangsmesszahl	**34.880.956,09**

560 Diese Ausgangsmesszahl wird der Steuerkraftmesszahl gegenübergestellt. Die Steuerkraftmesszahl wird nach § 9 GFG ermittelt. Die Vorschrift lautet:

561 Ermittlung der Steuerkraftmesszahl für die Gemeinden
(1) Die Steuerkraftmesszahl ergibt sich aus der Summe der für die Gemeinden geltenden Steuerkraftzahlen der Gewerbesteuer, der Grundsteuern, des Gemeindeanteils an der Einkommensteuer und des Gemeindeanteils an der Umsatzsteuer und des jeweiligen Abrechnungsbetrages für das Jahr 2014 nach § 7 des Einheitslastenabrechnungsgesetzes NRW vom 9. Februar 2010 (GV. NRW. S. 127), das durch Gesetz vom 3. Dezember 2013 (GV. NRW. S. 724) geändert worden ist, abzüglich der Steuerkraftzahl der Gewerbesteuerumlage in der Referenzperiode nach § 27 Absatz 8.

(2) Als Steuerkraftzahlen werden zugrunde gelegt 562

1. bei der Gewerbesteuer das Istaufkommen des ersten Halbjahres der Referenzperiode, geteilt durch den im ersten Halbjahr der Referenzperiode tatsächlich festgesetzten Hebesatz, addiert zu dem Istaufkommen des zweiten Halbjahres der Referenzperiode, geteilt durch den im zweiten Halbjahr der Referenzperiode tatsächlich festgesetzten Hebesatz, multipliziert mit 417; 563

2. bei der Grundsteuer A das Istaufkommen des ersten Halbjahres der Referenzperiode, geteilt durch den im ersten Halbjahr der Referenzperiode tatsächlich festgesetzten Hebesatz, addiert zu dem Istaufkommen des zweiten Halbjahres der Referenzperiode, geteilt durch den im zweiten Halbjahr der Referenzperiode tatsächlich festgesetzten Hebesatz, multipliziert mit 217; 564

3. bei der Grundsteuer B das Istaufkommen des ersten Halbjahres der Referenzperiode, geteilt durch den im ersten Halbjahr der Referenzperiode tatsächlich festgesetzten Hebesatz, addiert zu dem Istaufkommen des zweiten Halbjahres der Referenzperiode, geteilt durch den im zweiten Halbjahr der Referenzperiode tatsächlich festgesetzten Hebesatz, multipliziert mit 429; 565

4. bei dem Gemeindeanteil an der Einkommensteuer das Istaufkommen in der Referenzperiode 566

   a) zuzüglich der in der Referenzperiode angefallenen Kompensationsleistungen an die Gemeinden für Verluste aus der Neuregelung des Familienleistungsausgleichs, unter Berücksichtigung der in diesem Zeitraum angefallenen Abrechnungsbeträge; 567
   b) zuzüglich der in der Referenzperiode angefallenen Kompensationsleistungen an die Gemeinden für Verluste im Zusammenhang mit dem Steuervereinfachungsgesetz 2011; 568

5. bei dem Gemeindeanteil an der Umsatzsteuer das Istaufkommen in der Referenzperiode; 569

6. bei der Gewerbesteuerumlage das Istaufkommen der Gewerbesteuer im ersten Halbjahr der Referenzperiode, geteilt durch den im ersten Halbjahr der Referenzperiode tatsächlich festgesetzten Hebesatz, multipliziert mit den im ersten Halbjahr der Referenzperiode festgesetzten Vervielfältigern für die Gewerbesteuerumlage zuzüglich des Istaufkommens im zweiten Halbjahr der Referenzperiode, geteilt durch den im zweiten Halbjahr der Referenzperiode tatsächlich festgesetzten Hebesatz, multipliziert mit den im zweiten Halbjahr der Referenzperiode festgesetzten Vervielfältigern für die Gewerbesteuerumlage. 570

571 Nach § 9 Abs. 1 GFG wird die Steuerkraftmesszahl aus der Summe verschiedener Steuerkraftzahlen berechnet. Allerdings wird nicht jede Gemeindesteuer, z. B. die Hundesteuer oder die Vergnügungsteuer, mit in die Berechnung einbezogen. Die Steuerkraftzahlen werden nach § 9 Abs. 2 GFG ermittelt. Basis ist immer das Istaufkommen, also die tatsächlichen Einzahlungen. Forderungen aus Steuern werden dagegen nicht berücksichtigt.

572 In der genannten Vorschrift wird auf eine „Referenzperiode" verwiesen. Diese ist ein feststehender Zeitraum, der für 2017 in § 27 Abs. 8 GFG geregelt ist. Danach wird die Referenzperiode für die Ermittlung der Steuerkraftmesszahl nach § 9 (...) auf den Zeitraum 1. Juli 2015 bis 30. Juni 2016 festgesetzt. Diese Systematik zur Bestimmung der Referenzperiode ist in jedem GFG identisch. Es gilt also immer:

573 Im GFG für das Jahr t0 ist die Referenzperiode der Zeitraum 1.7.–31.12.t_{-2} + 1.1.–30.6.t_{-1}.

574 Bei der Berechnung der Steuerkraftzahlen ist weiterhin zu beachten, dass die Einzahlungen nicht in voller Höhe berücksichtigt werden, sondern nur mit den im GFG festgesetzten Hebesätzen, den sogenannten fiktiven Hebesätzen. Diese bewirken, dass die Steuerkraft oberhalb der fiktiven Hebesätze bei der Ermittlung der jeweiligen Steuerkraftzahl unberücksichtigt bleibt.

575 Beispiel:

576

	Gemeinde A	Gemeinde B
Gewerbesteuer-Istaufkommen 1.7.2015–30.6.2016	14.000.000,00 €	10.000.000,00 €
Hebesatz in %	490	460
fiktiver Hebesatz	417	417
Steuerkraftzahl Gewerbesteuer	11.914.285,71 €	9.065.217,39 €

577 Berechnung: Istaufkommen : Hebesatz der Gemeinde x fiktiver Hebesatz

578 Sofern die Gemeinde innerhalb der Referenzperiode unterschiedliche Hebesätze festgesetzt hat, muss die Berechnung in zwei Schritten erfolgen.

579 Berechnung:
(Istaufkommen vom 1.7.–31.12. t_{-2} : Hebesatz t_{-2} + Ist-Aufkommen vom 1.1.-30.6. t_{-1} : Hebesatz t_{-1}) x fiktiver Hebesatz t_0

Frage: Wie würde sich die Steuerkraftzahl der Gewerbesteuer ändern, wenn die Gemeinde B ihren Hebesatz ebenfalls auf 490 v. H. erhöhen würde? 580

Lösung: 581

582

	Gemeinde B alt	Gemeinde B neu
Gewerbesteuer-Istaufkommen 1.7.2015–30.6.2016	10.000.000,00 €	10.652.173,91 €
Hebesatz in %	460	490
fiktiver Hebesatz	417	417
Steuerkraftzahl Gewerbesteuer	9.065.217,39 €	9.065.217,39 €

Die Division des neuen Gewerbesteuer-Istaufkommens mit dem höheren Hebesatz führt 583
also zu keiner Änderung der Steuerkraftzahl. Erhöht eine Gemeinde ihre Hebesätze, führt diese Änderung nicht zu einer höheren Steuerkraftzahl. Anders verhält es sich, wenn das Land die fiktiven Hebesätze erhöhen würde (was in der Vergangenheit häufig geschehen ist).

Was sind „Kompensationsleistungen" nach § 9 Abs. 2 Nr. 4 lit. a und b GFG? 584

Der Gesetzgeber (in diesem Fall der Bund) kann aus politischen oder sonstigen Gründen 585
seine Gesetze ändern. Vor vielen Jahren hatte er u. a. mehrfach die Absicht, Familien steuerlich zu entlasten. Da die Einkommensteuer aber eine Gemeinschaftsteuer nach Art. 106 Abs. 3 und 5 GG ist, hätten die Gemeinden eine geringere Einkommensteuerbeteiligung erhalten. Um diese Steuerverluste grundsätzlich auszugleichen (= zu kompensieren), erhalten die Gemeinden seitdem sogenannte Kompensationsleistungen. Da die Einkommensteuerbeteiligung bei der Steuerkraft berücksichtigt wird, ist es folgerichtig, auch die Kompensationsleistungen mit einzubeziehen.

Warum und wie wird die Gewerbesteuerumlage berücksichtigt? 586

Nach Art 106 Abs. 6 S. 4 GG können Bund und Länder an dem Aufkommen der Gewerbesteu- 587
er beteiligt werden (Näheres im Kapitel 6.3). Diese Umlage ist in den 1990er-Jahren für die Beteiligung der Gemeinden an der Finanzierung der Deutschen Einheit erhöht worden. Da die Umlage von den Gemeinden zu zahlen ist, wird sie bei der Ermittlung der Finanzkraft abgezogen. Der für die Steuerkraftzahl der Gewerbesteuerumlage zu berücksichtigende Vervielfältiger beträgt im Jahr 2017 68,5 %.

Beispiel: 588
Ermitteln Sie die Steuerkraftmesszahl der Stadt W. für das Jahr 2017. Das jeweilige Istaufkommen bezieht sich auf die Referenzperiode 1.7.2015–30.6.2016.

589 Lösung:

590

	Istaufkommen	dividiert durch Hebesatz der Stadt W.	Multipliziert mit fiktivem Hebesatz	Multipliziert mit Vervielfältiger Gewerbesteuerumlage	= Steuerkraftzahlen
Gewerbesteuer	10.518.415 €	460	417		9.535.171,86 €
+ Grundsteuer A	20.521 €	220	217		20.241,17 €
+ Grundsteuer B	4.405.217 €	500	429		3.779.676,19 €
+ Gemeindeanteil Einkommensteuer	10.915.390 €				10.915.390,00 €
+ Kompensationsleistungen a + b	1.150.000 €				1.150.000,00 €
+ Gemeindeanteil Umsatzsteuer	1.489.333 €				1.489.333,00 €
- Gewerbesteuerumlage	10.518.415 €	460		68,5	-1.566.329,19 €
Steuerkraftmesszahl					**25.323.483,02 €**

591 Die Schlüsselzuweisungen werden wie folgt berechnet:

592

Ausgangsmesszahl	34.880.956,09 €
abzüglich Steuerkraftmesszahl	-25.323.483,02 €
Differenz	9.557.473,07 €
x 90 %	8.601.725,76 €

593 Im vorliegenden Beispiel überschreitet die Ausgangsmesszahl die Steuerkraftmesszahl, sodass 90 % des Unterschiedsbetrages als Schlüsselzuweisungen gewährt werden.

5.6 UMLAGEN DER KREISE UND DER LANDSCHAFTSVERBÄNDE

594 Die Städte und Gemeinden verfügen in einem hohen Maß über eigene Einnahmemöglichkeiten (vgl. Kapitel 1.3). Die Kreise und die Landschaftsverbände sind dagegen maßgeblich auf die Finanzierung durch ihre „Mitglieder“ angewiesen. Sie erfüllen dabei als kommunale Gebietskörperschaften Aufgaben, die z. B. die kreisangehörigen Gemeinden aufgrund einer Vielzahl an Rechtsvorschriften nicht erfüllen können bzw. dürfen. Daneben sind die Kreise auch Träger der staatlichen Verwaltung, vgl. §§ 58–61 KrO.

5.6.1 Umlagen der Kreise

Die Grundlage für die Erhebung der Kreisumlage ist § 56 KrO. Nach Abs. 1 dieser Vorschrift ist eine Umlage von den kreisangehörigen Gemeinden zu erheben, soweit die sonstigen Erträge eines Kreises die entstehenden Aufwendungen nicht decken. Grundsätzlich ist die Kreisumlage subsidiär, also nachrangig, zu fordern. Da die Kreise aber z. B. nicht über mit den Gemeinden vergleichbare eigene Steuern verfügen, stellt die Kreisumlage eine Hauptertragsart dar. 595

Die folgende Tabelle weist die Gesamterträge für das Haushaltsjahr 2017[51], die Kreisumlage und den prozentualen Anteil an den Erträgen für einige Kreise in NRW aus: 596

597

Kreis	Summe Erträge	Kreisumlage	Anteil in %
Ennepe-Ruhr-Kreis	518.816.385 €	216.279.821 €	41,69 %
Kreis Recklinghausen	1.117.557.207 €	*403.800.000 €	36,13 %
Märkischer Kreis	521.767.832 €	280.157.524 €	53,69 %
Kreis Siegen-Wittgenstein	368.873.664 €	161.806.000 €	43,86 %

*gerundeter Wert

Zu erwähnen ist, dass Kreise teilweise selbst Haushaltssicherungskonzepte gemäß § 56b KrO aufstellen oder Fehlbedarfe bzw. Fehlbeträge durch Inanspruchnahme der Ausgleichsrücklage gemäß §§ 53, 56a KrO i. V. m. § 75 Abs. 2 und 3 GO decken können („fiktiver Haushaltsausgleich"). Die KrO lässt diese Möglichkeiten ausdrücklich zu, sodass mit Blick auf die Leistungsfähigkeit der kreisangehörigen Gemeinden hier ein gewisser Gestaltungsspielraum besteht, um den Haushaltsausgleich zu erreichen. Andererseits haben die Kreise auch das Recht, eine Sonderumlage zu erheben, sofern im Jahresabschluss das Eigenkapital in Anspruch genommen wurde (§ 56c KrO). 598

In den Kreishaushalten wird die Kreisumlage bei den Erträgen aus „Zuwendungen und allgemeinen Umlagen" (Kontengruppen 41 bzw. 61) geplant bzw. gebucht, bei den kreisangehörigen Gemeinden als „Transferaufwand" (Kontengruppen 53 bzw. 73). 599

Wie wird die Kreisumlage berechnet? 600

Die rechtliche Grundlage zur Berechnung der Kreisumlage ist nicht die Kreisordnung, sondern das GFG. Die Berechnung erfolgt nach den §§ 23 und 24 GFG. Nach § 24 Abs. 1 GFG wird die Kreisumlage in Prozentsätzen der festgesetzten Umlagegrundlagen nach § 23 Nummer 1 und 2 festgesetzt. Für die Festsetzung einer ausschließlichen Belastung oder einer Mehr- oder Minderbelastung einzelner Teile des Kreises sowie für die Erhebung einer Sonderumlage gilt Satz 1 entsprechend. Nach Abs. 2 gilt für die Festsetzung der Regionsumlage nach dem Städteregion Aachen Gesetz Absatz 1. 601

[51] Vgl. Haushaltspläne 2017 der genannten Kreise, abzurufen im Internet

602 Die Städteregion Aachen stellt einen Sonderfall dar, der hier nicht näher dargestellt wird. Die Berechnung der Regionsumlage ist mit der Ermittlung der Kreisumlage prinzipiell identisch.

603 Die Umlagegrundlagen zur Ermittlung der normierten Ertragskraft im Zusammenhang mit der Berechnung der Schlüsselzuweisungen sind nach § 23 GFG

604
1. für die Kreise
   a) die Steuerkraftmesszahlen der kreisangehörigen Gemeinden und
   b) die zu veranschlagenden Schlüsselzuweisungen der kreisangehörigen Gemeinden;

605
2. für die Städteregion Aachen
   a) die Steuerkraftmesszahlen der regionsangehörigen Gemeinden und
   b) die zu veranschlagenden Schlüsselzuweisungen der regionsangehörigen Gemeinden
      abzüglich
   c) der Steuerkraftmesszahl der Stadt Aachen und
   d) der zu veranschlagenden Schlüsselzuweisungen der Stadt Aachen.

606 Würde der Hebesatz der Kreisumlage z. B 40 % betragen, würde die Kreisumlage für die Stadt W. (vgl. Kapitel 5.5) wie folgt berechnet:

607

Steuerkraftmesszahl	25.323.483,02 €
zuzüglich Schlüsselzuweisungen	8.601.725,76 €
= Umlagegrundlagen	33.925.208,78 €
x Hebesatz 40 % = **Kreisumlage**	**13.570.083,51 €**

608 Neben der allgemeinen Kreisumlage können weitere, spezielle Kreisumlagen erhoben werden. Beispiele sind die differenzierte Kreisumlage für eine Gesamtschule des Kreises; hier erfolgt die Abrechnung nicht nach der Steuerkraft, sondern nach der Anzahl der Schüler pro Gemeinde, die die Gesamtschule besuchen, vgl. § 56 Abs. 4 KrO.

609 Da kleine kreisangehörige Gemeinden vielfach nicht über ein eigenes Jugendamt verfügen, nimmt der Kreis diese Aufgaben für diese Gemeinden wahr und rechnet seine Aufwendungen über die Jugendamtsumlage ab, vgl. § 56 Abs. 5 KrO.

5.6.2 Umlage der Landschaftsverbände

610 Die Landschaftsverbände in NRW nehmen zahlreiche Aufgaben wahr, insbesondere auf den Gebieten der sozialen Angelegenheiten, der Jugendhilfe, der Gesundheitsangelegenheiten, der landschaftlichen Kulturpflege oder der Kommunalwirtschaft. Gesetzliche Grundlage ist

die Landschaftsverbandsordnung (LVerbO). Der Aufgabenkatalog der Landschaftsverbände ist in § 5 LVerbO normiert. In NRW gibt es zwei Landschaftsverbände, nämlich den Landschaftsverband Rheinland und den Landschaftsverband Westfalen-Lippe (vgl. § 1 LVerbO).

Da die Landschaftsverbände – ähnlich wie die Kreise – über keine eigenen Steuereinnahmen 611
verfügen, erheben sie von den Kreisen und kreisfreien Städten eine Landschaftsumlage, vgl. § 22 LVerbO. Sprachlich wäre der Begriff „Landschaftsverbandsumlage" sachgerechter, da die Umlage nicht für eine Landschaft erhoben wird, sondern von den Landschaftsverbänden. Die kreisangehörigen Städte zahlen keine Landschaftsumlage; diese wird seitens der Kreise in den Finanzbedarf der Kreise einbezogen und bei der Berechnung der Kreisumlage berücksichtigt.

Wie wird die Landschaftsumlage berechnet? 612

Auch hier gelten – wie bei den Kreisen – die Vorschriften des GFG. Nach § 25 GFG wird 613
die Landschaftsumlage in Prozentsätzen der festgesetzten Umlagegrundlagen nach § 23 Nummer 3 festgesetzt.

Nach § 23 Nr. 3 GFG sind die Umlagegrundlagen zur Ermittlung der normierten Ertragskraft 614
im Zusammenhang mit der Berechnung der Schlüsselzuweisungen

a) die Steuerkraftmesszahlen der Gemeinden,
b) die zu veranschlagenden Schlüsselzuweisungen der Gemeinden und Kreise und
c) die Abrechnungsbeträge der Kreise für das Jahr 2014 nach § 7 des Einheitslastenabrechnungsgesetzes NRW.[52]

Ähnlich wie bei den Kreisen können auch die Landschaftsverbände eine Ausgleichsrückla- 615
ge bilden und für den „fiktiven" Haushaltsausgleich in Anspruch nehmen (§ 23a LVerbO), ein Haushaltssicherungskonzept aufstellen (§ 23b LVerbO), aber auch eine Sonderumlage erheben, sofern im Jahresabschluss das Eigenkapital in Anspruch genommen werden muss (§ 23c LVerbO).

[52] Anmerkung zu § 23 Nr. 3 lit. c GFG: Die Kreise mussten (u. a.) im Jahr 2014 höhere Beträge nach dem Einheitslastenabrechnungsgesetz NRW an das Land zahlen. Diese Belastung wurde folgerichtig bei der Berechnung der Umlagekraft bzw. Zahlungen an die Landschaftsverbände abgezogen.

6. Anteil der Gemeinden an der Einkommensteuer und der Umsatzsteuer; Gewerbesteuerumlage

6.1 ANTEIL DER GEMEINDEN AN DER EINKOMMENSTEUER UND DER UMSATZSTEUER

616 Das Aufkommen der Einkommensteuer und die Umsatzsteuer steht nach Art. 106 Abs. 3 GG dem Bund und den Ländern gemeinsam zu. Allerdings werden den Gemeinden aus diesen Gemeinschaftsteuern nach Art. 106 Abs. 5 bzw. 5a GG aus unterschiedlichen Gründen Anteile zugewiesen.

6.1.1 Gemeindeanteil an der Einkommensteuer

617 Die Einkommensteuer gehört seit Jahrzehnten zu den wichtigsten Steuerarten. Sie wird im Wesentlichen von natürlichen Personen erhoben (vgl. § 1 EStG), und es werden unterschiedliche Einkommensarten besteuert (vgl. §§ 13–23 EStG, z. B. Einkünfte aus Land- und Forstwirtschaft, Vermietung und Verpachtung, Gewerbebetrieb, selbstständiger und nichtselbstständiger Arbeit oder Kapitalvermögen). Bis zum Ende der 1960er-Jahre erhielten nur der Bund und die Länder Anteile an der Einkommensteuer. Die finanzwirtschaftliche Situation der Gemeinden war in dem genannten Zeitraum von rückläufigen Steuereinnahmen bei gleichzeitigem Aufgabenzuwachs gekennzeichnet sowie von einer überproportionalen Abhängigkeit von der Gewerbesteuer geprägt. Am Ende des Gesetzgebungsverfahrens wurde die Beteiligung der Gemeinden an der Einkommensteuer, im Gegenzug aber auch die Gewerbesteuerumlage (vgl. Kapitel 6.3) eingeführt; die Änderung trat zum 1.1.1970 in Kraft. Seitdem ist die Einkommensteuer eine Gemeinschaftsteuer des Bundes, der Länder und der Gemeinden. Das grundsätzliche Ziel, die Gemeindefinanzen auf drei „Säulen" zu stellen, nämlich die Einwohner, die Wirtschaft und den Grundbesitz, wurde durch die Steuerreform erfüllt.[53]

618 Gemäß Art. 106 Abs. 5 Satz 1 GG erhalten die Gemeinden einen Anteil an dem Aufkommen der Einkommensteuer, der von den Ländern an ihre Gemeinden auf der Grundlage der Einkommensteuerleistungen ihrer Einwohner weiterzuleiten ist. Das Nähere wird nach Satz 2 durch ein Bundesgesetz geregelt. Dieses „Gesetz zur Neuordnung der Gemeindefinanzen" (Gemeindefinanzreformgesetz – GFRG) wurde im September 1969 veröffentlicht; die derzeitige Fassung ist am 10.3.2009 bekannt gemacht (BGBl. I S. 502) und zuletzt durch Gesetz vom 21.11.2016 geändert worden (BGBl. I S. 2613).

619 Nach § 1 GFRG erhalten die Gemeinden 15 % des Aufkommens an Lohnsteuer und an veranlagter Einkommensteuer sowie 12 % des Aufkommens an Kapitalertragsteuer nach § 43 Absatz 1 Satz 1 Nummer 6, 7 und 8 bis 12 sowie Satz 2 des Einkommensteuergesetzes

[53] Vgl. BMF-Dokumentation: Der Gemeindeanteil an der Einkommensteuer in der Gemeindefinanzreform, S 3 f. (Bundesministerium der Finanzen, kein Datum)

(Gemeindeanteil an der Einkommensteuer). Der Gemeindeanteil an der Einkommensteuer wird für jedes Land nach den Steuerbeträgen bemessen, die von den Finanzbehörden im Gebiet des Landes unter Berücksichtigung der Zerlegung nach Artikel 107 Absatz 1 des Grundgesetzes vereinnahmt werden.

Die Vorschrift ist – wie im Steuerrecht vielfach üblich – zunächst recht unübersichtlich. 620
Zusammengefasst lässt sich feststellen, dass die Gemeinden 15 % des Steueraufkommens der Lohnsteuer (= eine Erhebungsform der Einkommensteuer auf Einkünfte aus nichtselbstständiger Arbeit) und der veranlagten Einkommensteuer erhalten. Zusätzlich erhalten sie 12 % des Aufkommens der Kapitalertragsteuer nach den genannten Vorschriften. In den – hier nicht näher spezifizierten – Fällen wird die Einkommensteuer durch Abzug vom Kapitalertrag, also als Kapitalertragsteuer, erhoben. Dieser Abzug führt zu einem verringerten Aufkommen der Einkommensteuer. Um diesen auch für die Gemeinden erheblichen Verlust auszugleichen, hat der Gesetzgeber die anteilige Weiterleitung der Kapitalertragsteuer eingeführt, zunächst seit 1994 als Beteiligung in Höhe von 12 % am Aufkommen des Zinsabschlags, seit 2009 am Aufkommen der Abgeltungsteuer.

Mit Bezug auf Art. 106 Abs. 5 S. 1 GG wird deutlich, dass die Gemeinden von der „Steuer- 621
stärke" ihrer Einwohner (einschließlich der Personengesellschaften) profitieren oder – im Gegenzug – eine aus finanzwirtschaftlicher Sicht ungünstige Einwohnerstruktur (geprägt u. a. durch eine hohe Arbeitslosenquote oder wenig mittelständische Betriebe) zu einer vergleichsweise geringen Einkommensteuerbeteiligung führt.

Insgesamt lässt sich feststellen, dass der Anteil an der Einkommensteuer zu den Haupter- 622
tragsquellen der Gemeinden gehört (zur finanzwirtschaftlichen Bedeutung im Einzelnen vgl. Kapitel 6.2).

Die Verteilung auf die einzelne Gemeinde erfolgt durch eine Schlüsselzahl; diese ist der in 623
einer Dezimalzahl ausgedrückte Anteil der Gemeinde an den auf die Gemeinden eines Landes entfallenden Steuereinnahmen, vgl. § 3 GFRG. Die Summe aller Schlüsselzahlen ergibt 1,0. Die Berechnung der Schlüsselzahlen erfolgt durch Rechtsverordnung des Landes, die im Regelfall alle drei Jahre angepasst wird. Die im unteren Beispiel genannte Schlüsselzahl bezieht sich auf den Zeitraum 2015–2017.[54]

Beispiel: 624

625

Einkommensteuer aller Gemeinden in NRW	x Schlüsselzahl Stadt W.	= Einkommensteueranteil Stadt W.
7.780.000.000 €	0,0017927	13.947.206 €

[54] Vgl. Verordnung über die Aufteilung und Auszahlung des Gemeindeanteils an der Einkommensteuer und die Abführung der Gewerbesteuerumlage für die Haushaltsjahre 2015, 2016 und 2017 (EStGemAntV 2015, 2016 und 2017) vom 16. Dezember 2014 (GV. NRW. 2014 S. 897).

6.1.2 Gemeindeanteil an der Umsatzsteuer

626 Die Umsatzsteuer wird – vereinfacht – von Unternehmen für verschiedene Umsätze (u. a. aus Lieferungen und Leistungen gegen Entgelt) erhoben (vgl. § 1 UStG). Durch den Vorsteuerabzug nach § 15 UStG, z. B. für die gesetzlich geschuldete Steuer für Lieferungen und sonstige Leistungen, die von einem anderen Unternehmer für das eigene Unternehmen ausgeführt worden sind, ist gewährleistet, dass nur die jeweilige unternehmerische Wertschöpfung (= der im Unternehmen entstandene Mehrwert) besteuert wird. Der synonym für „Umsatzsteuer" verwendete Begriff der „Mehrwertsteuer" ist daher nicht korrekt, richtigerweise muss die Umsatzsteuer um den Vorsteuerabzug reduziert werden, damit nur der Mehrwert besteuert wird.

627 Zum Jahr 1998 schaffte der Bundesgesetzgeber im Rahmen einer Unternehmenssteuerreform einen Teil der Gewerbesteuer, nämlich die Gewerbekapitalsteuer, ab; seitdem wird nur noch der Gewerbeertrag besteuert. Da die Gewerbesteuer eine gemeindeeigene Steuer ist und unter die Realsteuergarantie nach Art. 106 Abs. 6 S. 1 GG fällt, musste der Gesetzgeber einen Ausgleich für die gemeindlichen Steuerausfälle schaffen.

628 Deshalb erhalten die Gemeinden aufgrund des Art. 106 Abs. 5a GG ab dem 1. Januar 1998 einen Anteil an dem Aufkommen der Umsatzsteuer. Er wird von den Ländern auf der Grundlage eines orts- und wirtschaftsbezogenen Schlüssels an ihre Gemeinden weitergeleitet. Auch hier werden weitere Einzelheiten im GFRG geregelt.

629 Ähnlich wie bei der Einkommensteuerbeteiligung wird durch Rechtsverordnung eine gemeindebezogene Schlüsselzahl festgelegt. Die Systematik wurde mehrfach geändert und berücksichtigte Verteilungskriterien wie z. B. das örtliche Gewerbesteueraufkommen oder die Anzahl der sozialversicherungspflichtig Beschäftigten; zudem wurde der gemeindliche Umsatzsteueranteil zu 85 % auf die alten Bundesländer und zu 15 % auf die neuen Bundesländer verteilt. Ab dem Jahr 2018 setzt sich der Schlüssel (vereinfacht) zusammen:

- zu 25 % aus der Summe des Gewerbesteueraufkommens der aktuell verfügbaren vergangenen sechs Jahre,
- zu 50 % aus der Anzahl der sozialversicherungspflichtig Beschäftigten (ohne öffentlichen Dienst im engeren Sinne[55]) jeweils am 30. Juni der aktuell verfügbaren vergangenen drei Jahre,
- zu 25 % aus der Summe der sozialversicherungspflichtigen Entgelte (ohne öffentlichen Dienst im engeren Sinne) der aktuell verfügbaren vergangenen drei Jahre.[56]

[55] Zu den Beschäftigten des öffentlichen Dienstes im engeren Sinn gehören die Beamten und tariflich Beschäftigten (früher: Angestellte und Arbeiter), zu denen im weiteren Sinn auch Richter, Minister, Soldaten sowie ehrenamtliche und nebenamtliche Mitarbeiter gehören, vgl. (Rechtslexikon.net, 2014).

[56] Vgl. BMF: Beteiligung der Gemeinden am Aufkommen der Umsatzsteuer, 20.2.2017, S. 1 (Bundesministerium der Finanzen, 2018)

6.2 FINANZWIRTSCHAFTLICHE BEDEUTUNG, VOLKSWIRTSCHAFTLICHE ABHÄNGIGKEIT

Bis in die 1960er-Jahre waren die Gemeinden zu einem sehr hohen Anteil von der Gewerbesteuer und Grundsteuer abhängig. Mit der Einkommensteuerbeteiligung änderten sich die Verhältnisse, wie die nachfolgende Tabelle verdeutlicht: 630

Beteiligung der Gemeinden an der Einkommensteuer[57]: 631

632

Jahr	in Mrd. Euro		Anteil an den kommunalen Steuereinnahmen in %	
	alte Länder	neue Länder	alte Länder	neue Länder
1970	3,2		37,7	
1980	10,6		43,7	
1991	17,7	0,5	45,7	44,6
2000	20,2	1,1	42,3	27,3
2010	21,0	2,0	36,8	29,9
2015	29,3	3,2	38,6	36,2

Die Einkommensteuerbeteiligung zählt zu den tragenden Säulen der gemeindlichen Steuereinnahmen. Sie nahm im Lauf der Jahre absolut deutlich zu, ein langfristiger Aufwärtstrend ist – auch bei geringen Schwankungen – festzustellen. Insoweit besteht für die kommunalen Haushalte eine gewisse Planungssicherheit. Allerdings brachen die Steuereinnahmen, auch die Einkommensteuer, infolge der Finanz- und Wirtschaftskrise in den Jahren 2009 und 2010 ein, gegenüber dem Jahr 2008 um 2,0 bzw. 2,7 Milliarden Euro. Der Rückgang betraf auch die kommunale Ebene und führte zu deutlichen Mindereinnahmen. 633

Deutlich geringer fällt der Anteil der Gemeinden an der Umsatzsteuer aus. Dieser betrug bis 2016 2,2 % des Umsatzsteueraufkommens (nach Berücksichtigung von Vorwegabzügen für den Bund und für einen Bundeszuschuss zur Rentenversicherung). Im Jahr 2016 betrug der Gemeindeanteil bundesweit ca. 4,83 Milliarden Euro.[58] In den Folgejahren erhöht sich der Anteil, maßgeblich aufgrund des „Gesetzes der Bundesregierung zur Förderung von Investitionen finanzschwacher Kommunen und zur Entlastung von Ländern und Kommunen bei der Aufnahme und Unterbringung von Asylbewerbern". Die Definition, welche Kommunen finanzschwach sind, hat der Bund den Ländern überlassen, mit der Folge, dass in NRW im Wesentlichen die Kriterien nach dem Gemeindefinanzierungsgesetz gelten. 634

57 Vgl. BMF-Dokumentation: Der Gemeindeanteil an der Einkommensteuer in der Gemeindefinanzreform, S. 7, Tabelle auszugsweise dargestellt (Bundesministerium der Finanzen, kein Datum)

58 Vgl. BMF: Beteiligung der Gemeinden am Aufkommen der Umsatzsteuer, 20.2.2017 (Bundesministerium der Finanzen, 2018)

635 Im Erlass des Ministeriums für Inneres und Kommunales NRW vom 14.6.2016 wurde Folgendes ausgeführt: „Am 16. Juni 2016 haben die Bundeskanzlerin und die Regierungschefinnen und -chefs der Länder den Weg festgelegt, auf dem die im Koalitionsvertrag auf Bundesebene angekündigte Entlastung in Höhe von jährlich 5 Mrd. Euro für die Kommunen ab dem Jahr 2018 fließen soll. Außerdem wurde vereinbart, dass der Bund – zunächst für die Jahre 2016 bis 2018 – diejenigen Mehrbelastungen bei den Kosten der Unterkunft, die infolge der Anerkennung von Asylbewerbern entstehen, in Anlehnung an das Verfahren bei Leistungen für Bildung und Teilhabe zu 100 % übernehmen wird. Die Landesregierung hat im Hinblick auf diese Vereinbarungen am 5. Juli 2016 beschlossen, den ab dem Jahr 2018 erhöhten Anteil des Landes an der Umsatzsteuer zur Verstärkung der Schlüsselmasse der Gemeindefinanzierungsgesetze ab dem Jahr 2018 zu verwenden."

636 Die Entlastung von bundesweit 5 Mrd. € jährlich wird lt. Erlass wie folgt aufgeteilt:

637 2,4 Mrd. über den Gemeindeanteil an der Umsatzsteuer; 1,6 Mrd. Euro über eine höhere Bundesbeteiligung an den Kosten der Unterkunft (KdU) und 1 Mrd. Euro über eine Erhöhung des Länderanteils an der Umsatzsteuer; das Land Nordrhein-Westfalen wird seinen Anteil hieran eins zu eins über die Schlüsselmasse des GFG an die Kommunen weitergeben.

638 Aus volkswirtschaftlicher Sicht kann die Umsatzsteuer insgesamt als stabil angesehen werden. Sie ist wesentlich konjunkturunabhängiger als z. B. – auf kommunaler Ebene – die Gewerbesteuer. Sie wird als indirekte Steuer letztlich von den Verbrauchern gezahlt, sodass sich Erhöhungen der Steuersätze in der Regel auf die Preise für Waren und Dienstleistungen und somit unter sonst gleichen Bedingungen auf das verfügbare Einkommen der Konsumenten auswirken.

Beispiele für Steuererträge verschiedener Städte und Gemeinden (jeweils Haushaltsjahr 2017, Ansätze gerundet)[59]: 639

640

	Einwohner-zahl am 31.12.2015	**Steuern und allgemeine Umlagen**		**davon Beteiligung an der Einkommen-steuer**		**davon Beteiligung an der Umsatzsteuer**	
		absolut in 1.000 €	pro Einwohner in €	absolut in 1.000 €	pro Einwohner in €	absolut in 1.000 €	pro Einwohner in €
Kreisfreie Städte:							
Bochum	364.742	461.735	1.265,92	161.400	442,50	29.500	80,88
Dortmund	586.181	797.401	1.360,33	239.172	408,02	48.030	81,94
Düsseldorf	612.178	1.514.500	2.473,95	356.300	582,02	106.300	173,64
Essen	582.624	845.894	1.451,87	259.700	445,74	59.300	101,78
Gelsenkirchen	257.651	254.543	987,94	84.810	329,17	18.500	71,80
Hagen	189.044	241.019	1.274,94	74.142	392,19	15.921	84,22
Köln	1.060.582	2.199.510	2.073,87	574.100	541,31	135.000	127,29
Kreisangehörige Städte/ Gemeinden:							
Arnsberg	73.784	99.608	1.349,99	32.743	443,77	6.130	83,08
Detmold	74.817	100.134	1.338,39	32.684	436,85	6.213	83,04
Ennepetal	29.926	61.190	2.044,71	15.050	502,91	3.850	128,65
Gevelsberg	31.315	44.018	1.405,65	14.500	463,04	2.345	74,88
Haltern am See	38.020	47.156	1.240,29	20.863	548,74	1.514	39,82
Meschede	30.119	40.515	1.345,16	11.885	394,60	2.825	93,79
Monheim am Rhein	40.885	292.500	7.154,21	18.900	462,27	3.500	85,61
Netphen	23.393	26.964	1.152,65	12.477	533,36	1.523	65,10
Recklinghausen	114.330	133.421	1.166,98	50.150	438,64	6.751	59,05
Stadtlohn	20.411	27.039	1.324,73	8.199	401,70	1.559	76,38
Witten	96.700	145.406	1.503,68	44.629	461,52	7.598	78,57

Der Vergleich verdeutlicht die unterschiedliche Steuerkraft der verschiedenen Städte. Auffällig sind hier die Städte Düsseldorf und Ennepetal mit einer insgesamt hohen Steuerkraft, wohingegen Monheim am Rhein seine hohen Steuererträge maßgeblich aus der Gewerbesteuer erzielt (Ansatz 2017: 260 Mio. €!). Die Stadt Gelsenkirchen verfügt demgegenüber insgesamt über relativ geringe Steuererträge, auffallend auch der vergleichsweise geringe Umsatzsteueranteil in Recklinghausen oder Haltern am See. 641

Festzustellen ist allerdings, dass es generell keine deutlichen Unterschiede zwischen den einwohnerbezogenen Steuererträgen der kreisfreien und kreisangehörigen Städte gibt. 642

[59] Die Einwohnerzahlen wurden von Wikipedia/IT.NRW übernommen, die Steuererträge etc. den jeweiligen Haushaltsplänen der genannten Städte bzw. Gemeinden. Die im Vergleich besonders hohen Steuererträge sind grün, die niedrigen orange markiert.

6.3 GEWERBESTEUERUMLAGE

643 Die Gewerbesteuerumlage wurde mit der Gemeindefinanzreform 1969 eingeführt und zum 1.1.1970 erstmalig von den Gemeinden entrichtet.[60] Die verfassungsrechtliche Grundlage für die Erhebung ist Art. 106 Absatz 6 Satz 4 Grundgesetz in der Fassung des 21. Gesetzes zur Änderung des Grundgesetzes (Finanzreformgesetz) vom 12. Mai 1969. Danach können Bund und Länder an dem Aufkommen der Gewerbesteuer beteiligt werden.

644 Begründet wurde deren Einführung damit, dass die Gemeinden ab demselben Zeitpunkt an der Einkommensteuer beteiligt wurden (vgl. Kapitel 6.1.1) und dem Bund und den Ländern insoweit Mindereinnahmen entstanden, die durch die – zunächst auf zwei Jahre befristete – Gewerbesteuerumlage teilweise ausgeglichen werden sollten. Durch das Wort „Umlage" war klargestellt, dass der Bund und die Länder nicht am originären Aufkommen der Gewerbesteuer beteiligt wurden. Daher fand auch kein Eingriff in die gemeindliche Ertragshoheit statt, denn die Gewerbesteuer steht nach Art. 106 Abs. 6 S. 1 GG ausschließlich den Gemeinden zu. Vielmehr eröffnete der Gesetzgeber die Möglichkeit, dass ein Teil der Gewerbesteuer als Umlage wieder abgeführt wurde. Einzelheiten wurden in § 6 des Gesetzes zur Neuordnung der Gemeindefinanzen (Gemeindefinanzreformgesetz) geregelt.

645 Mit den Änderungen ab 1970 wurde die sehr hohe Abhängigkeit der Gemeinden von der Gewerbesteuer abgeschafft. Gleichzeitig wurde sichergestellt, dass die Beteiligung an der Einkommensteuer die Gewerbesteuerumlage deutlich überstieg.

646 Lag der Anteil der Gewerbesteuer an den kommunalen Steuereinnahmen im Jahr 1969 noch bei 81,7 %, veränderte sich die Einnahmestruktur der Gemeinden in späteren Jahren deutlich. Bereits 1972 betrug der Anteil der Gewerbesteuer „netto" (= abzüglich der Gewerbesteuerumlage) an den Steuereinnahmen 35,4 %, der Anteil an der Einkommensteuer betrug 40,2 %. In den Folgejahren – auch noch aktuell – liegen jeweils die Erträge aus der Gewerbesteuer „netto" und der Einkommensteuerbeteiligung recht nahe beieinander.

647 Die Gewerbesteuerumlage hat sich im Lauf der Jahre jedoch verändert. Von 1970 bis 1990 wurde die Umlage jeweils hälftig an den Bund und die Länder gezahlt. Berechnet wurde sie anhand des Istaufkommens der Gewerbesteuer, also den tatsächlichen Einzahlungen, dividiert durch den gemeindlichen Hebesatz, multipliziert mit einem Vervielfältiger. Dieser Vervielfältiger betrug von 1970 bis 1979 120 %.

648 Bis 1990 wurde der Vervielfältiger aufgrund von steuerrechtlichen Änderungen mehrfach gesenkt. Er betrug z. B. von 1984 bis 1992 52 %; bis 1990 existierte lediglich die „normale" Gewerbesteuerumlage. Seit 1991 wurde die Funktion der Gewerbesteuerumlage erweitert, indem eine „erhöhte" Umlage eingeführt wurde.

649 Ab 1991 wurden die Kommunen der „alten" Bundesländer an den Finanzierungsbeiträgen der Länder für den „Fonds Deutsche Einheit" beteiligt. Dieser „Fonds" war ein Sonderver-

[60] Vgl. BMF-Dokumentation: Die Entwicklung der Gewerbesteuerumlage seit der Gemeindefinanzreform 1969 (Bundesministerium der Finanzen, kein Datum)

mögen des Bundes, mit dem die fünf neuen Bundesländer saniert werden sollten. Er wurde jeweils hälftig durch den Bund und die Länder einschließlich Gemeinden finanziert; von dem gemeinsamen Anteil der Länder und Gemeinden entfielen durchschnittlich 40 % auf die Gemeinden.

Rechtsgrundlage für den erhöhten Vervielfältiger war § 6 Abs. 2a (jetzt Abs. 5) des Gemein- 650
definanzreformgesetzes (GFRG). Die Erhöhung wird jährlich neu festgesetzt und betrug erstmals 1991 für die „alten" Länder – ohne das Saarland und Bremen – 2 Vervielfältigerpunkte, sodass der Gesamtvervielfältiger auf 54 Punkte stieg (52 Punkte „Normalumlage" + 2 Punkte „Fonds Deutsche Einheit"). In den weiteren Jahren erfolgten zahlreiche Änderungen, die zu deutlichen Veränderungen der Vervielfältiger führten.

Seit 1995 sind die Gemeinden in den „alten" Bundesländern an den Länderlasten aus der 651
Neugestaltung des bundesstaatlichen Finanzausgleichs[61] mit 29 Punkten zugunsten der Länder beteiligt. Der kommunale Anteil wird jeweils zur Hälfte über die erhöhte Gewerbesteuerumlage (s. o.) und Zuweisungskürzungen im kommunalen Finanzausgleich erbracht.

Für die Jahre 2017 bis 2021 gelten folgende Vervielfältiger: 652

653

Jahr	„Normal"-Vervielfältiger (§ 6 Abs. 3 GemFinRefG)		Erhöhung § 6 Abs. 3 GemFinRefG (ab 1995)	Erhöhung für die Abwicklung „Fonds Deutsche Einheit" (§ 6 Abs. 5 GemFinRefG)1	Gesamt-Verviel-fältiger
	Bund	Länder	Länder	Länder	
2017	14,5	20,5	29	4,5	68,5
2018	14,5	20,5	29	4,3	68,3
2019	14,5	20,5	29	4	68
2020	14,5	20,5	0	0	35
2021	14,5	20,5	0	0	35

Aus dieser Tabelle ist zu erkennen, dass die einheitsbedingte Finanzierungsbeteiligung 654
der alten Länder bzw. deren Gemeinden nach aktueller Rechtslage Ende des Jahres 2019 auslaufen wird. Diskussionen über eine Anschlussregelung, möglicherweise auch für finanzschwache westdeutsche Kommunen, wurden bereits mehrfach auf bundes- oder landespolitischer Ebene geführt.

Ergänzend ist darauf hinzuweisen, dass auch ostdeutsche Gemeinden (seit 1993) eine Ge- 655
werbesteuerumlage zahlen müssen, allerdings ohne einheitsbedingte Finanzierungsanteile.

[61] Vgl. Artikel 34 des Gesetzes zur Umsetzung des Föderalen Konsolidierungsprogramms (FKPG) vom 23. Juni 1993 (BGBl. I S. 944)

656 Beispiel:

657 Das Istaufkommen der Gewerbesteuer beträgt 3.000.000 €, der Hebesatz der Gewerbesteuer 400 %, es wird im Beispiel vereinfacht von 68 Vervielfältigerpunkten für die Gewerbesteuerumlage ausgegangen.

Berechnung der Gewerbesteuerumlage:

3.000.000 € : 400 x 68 = 510.000 €

658 Frage: (Wie) wirkt sich die Änderung des Hebesatzes auf 430 % auf die Gewerbesteuer und die Gewerbesteuerumlage aus?

659 Lösung:

Berechnung der Gewerbesteuer (neu):

3.000.000 € : 400 x 430 = 3.225.000 €

Berechnung der Gewerbesteuerumlage (neu):

3.225.000 € : 430 x 68 = 1.200.000 €

Antwort: Die Änderung des Hebesatzes führt nicht zu einer höheren Gewerbesteuerumlage!

LITERATURVERZEICHNIS

Bauformel Verlag GmbH. (kein Datum). *Bauformeln.de: Lineare Interpolation.* Von https://www.bauformeln.de/mathematik/lineare-interpolation/ abgerufen

Büsingen, Gemeinde. (kein Datum). *Wirtschaftsförderung Büsingen.* Von http://www.buesingen.de/de/Wirtschaft%2BBauen/Wirtschaftsförderung abgerufen

Bundesministerium der Finanzen. (10 2017). *Eckdaten zur Entwicklung und Struktur der Kommunalfinanzen 2007 - 2016.* Von http://www.bundesfinanzministerium.de/Content/DE/Standardartikel/Themen/Oeffentliche_Finanzen/Foederale_Finanzbeziehungen/Kommunalfinanzen/Eckdaten-2007-2016.pdf?__blob=publicationFile&v=4, S. 9 abgerufen

Bundesministerium der Finanzen. (2018). *Kommunalfinanzen: Beteiligung der Gemeinden am Aufkommen der Umsatzsteuer.* Von http://www.bundesfinanzministerium.de/Content/DE/Standardartikel/Themen/Oeffentliche_Finanzen/Foederale_Finanzbeziehungen/Kommunalfinanzen/Beteiligung-Gemeinden-Umsatzsteuer.html abgerufen

Bundesministerium der Finanzen. (kein Datum). *BMF Dokumentation: Der Gemeindeanteil an der Einkommensteuer in der Gemeindefinanzreform.* Von http://www.bundesfinanzministerium.de/Content/DE/Standardartikel/Themen/Oeffentliche_Finanzen/Foederale_Finanzbeziehungen/Kommunalfinanzen/GemeindeanteilESt-2015.pdf?__blob=publicationFile&v=1) abgerufen

Bundesministerium der Finanzen. (kein Datum). *BMF Dokumentation: Die Entwicklung der Gewerbesteuerumlage seit der Gemeindefinanzreform 1969.* Von http://www.bundesfinanzministerium.de/Content/DE/Standardartikel/Themen/Oeffentliche_Finanzen/Foederale_Finanzbeziehungen/Kommunalfinanzen/Dok-Gewerbesteuerumlage-seit1969.pdf;jsessionid=92E40819CEDC8366E34467820D32BD44?__blob=publicationFile&v=4 abgerufen

Bundesministerium des Innern, f. B. (2018). *Personenstandsrecht: Praktische Informationen: Religions- und Weltanschauungsgemeinschaften.* Von https://www.personenstandsrecht.de/PERS/DE/Themen/Informationen/Religionsgemeinschaften/religionsgemeinschaften_node.html abgerufen

Deutsche Bundesbank. (01/2018). *Basiszinssatz nach § 247 HGB.* Von https://www.bundesbank.de/Redaktion/DE/Standardartikel/Bundesbank/Zinssaetze/basiszinssatz.html abgerufen

Dresbach, Heinz (Hrsg.). (2017). *Kommunale Finanzwirtschaft Nordrhein-Westfalen, 42. Auflage, S. 96 ff.* Bergisch Gladbach: Verlag Dresbach.

Gemeinde Bad Sassendorf. (07. 04.2017). *Satzung über die Erhebung von Kurbeiträgen in der Gemeinde Bad Sassendorf - Kurbeitragssatzung -.* Von http://rathaus.bad-sassendorf.de/fileadmin/user_upload/Bekanntmachungen/Kurbeitragssatzung.pdf abgerufen

Gemeinde Möhnesee. (09. 09.2010). *Satzung über die Erhebung eines Fremdenverkehrsbeitrages in der Gemeinde Möhnesee.* Von http://212.227.20.58/ratsinfo/moehnesee/1/RnJlbWRlbnZlcmtlaHI=/15/n/7274.doc abgerufen

Haushaltssteuerung.de. (2017). *Von Lexikon zur öffentlichen Haushalts- und Finanzwirtschaft: Realsteuern:* http://www.haushaltssteuerung.de/lexikon-realsteuern.html abgerufen

Hock, M. (05. 06.2014). *Frankfurter Allgemeine.* Von http://www.faz.net/aktuell/finanzen/aktien/dax-geschichte-2007-2009-die-weltfinanzkrise-12972316.html abgerufen

Landesbetrieb Information und Technik Nordrhein-Westfalen. (21. 06 2018). Pressemitteilung 174/18: *NRW-Kommunen waren Ende 2017 mit 61,7 Milliarden Euro um 2,3 Prozent niedriger als ein Jahr zuvor.* Von https://www.it.nrw/schulden-der-nrw-kommunen-waren-ende-2017-mit-617-milliarden-euro-um-23-prozent-niedriger-als-ein abgerufen

Landesbetrieb Information und Technik Nordrhein-Westfalen. (03. 04.2018). *Ausgewählte Baupreisindizes (Bauleistungen am Bauwerk) in NRW.* Von https://www.it.nrw.de/statistik/q/daten/eckdaten/r323bauindex.html abgerufen

Landesbetrieb Information und Technik Nordrhein-Westfalen. (03/2017). *Gemeindefinanzen in Nordrhein-Westfalen 2016: Ergebnisse der vierteljährlichen Kassenstatistik.* Von https://destatis.de/GPStatistik/servlets/MCRFileNodeServlet/NWHeft_derivate_00009984/L213201600.pdf abgerufen

Landesbetrieb Information und Technik Nordrhein-Westfalen. (21. 03 2018). *Ist-Aufkommen, Grundbeträge und gewogene Durchschnittshebesätze.* Von https://www.it.nrw.de/statistik/s/daten/eckdaten/r524ist_aufkommen.html abgerufen

Ministerium für Heimat, Kommunales, Bau und Gleichstellung des Landes Nordrhein-Westfalen (Hrsg.). (kein Datum). Von https://www.mhkbg.nrw/linearisiert/kommunales/Kommunale-Finanzen/Kommunale-Haushalte/Haushaltsrecht-_-NKF/nkf_handreichung7.pdf abgerufen

Ministeriums für Inneres und Kommunales des Landes Nordrhein-Westfalen. (25. 07. 2016). *Orientierungsdaten 2017-2020 für die mittelfristige Ergebnis- und Finanzplanung der Gemeinden und Gemeindeverbände des Landes Nordrhein-Westfalen.* Von http://m.mik.nrw.de/fileadmin/user_upload/Redakteure/Dokumente/Themen_und_Aufgaben/Kommunales/ abgerufen

Piekenbrock, P. D. (19. 02.2018). *Gabler Wirtschaftslexikon.* Von https://wirtschaftslexikon.gabler.de/definition/prohibitivpreis-42697/version-266040 abgerufen

Rechtslexikon.net. (2014). *Öffentlicher Dienst.* Von http://www.rechtslexikon.net/d/öffentlicher-dienst/öffentlicher-dienst.htm abgerufen

Schäfer, P. D. (11. 06.2013). *Gabler Wirtschaftslexikon.* Von https://wirtschaftslexikon.gabler.de/definition/daseinsvorsorge-28469/version-181325 abgerufen

Stadt Bielefeld. (14. 06.2010). *Satzung über die Erhebung von Erschließungsbeiträgen in der Stadt Bielefeld (Erschließungsbeitragssatzung).* Von https://www.bielefeld.de/ftp/dokumente/ortsrecht/6_02.pdf abgerufen

Stadt Dülmen. (11. 12.2015). *Verwaltungsgebührensatzung der Stadt Dülmen.* Von https://www.duelmen.de/fileadmin/user_upload/allgemein/medien/ortsrecht/finanzen/Verwaltungsgebührensatzung.pdf abgerufen

Stadt Hagen. (30. 05.2008). *Satzung über die Erhebung von Erschließungsbeiträgen (Erschließungsbeitragssatzung).* Von https://www.hagen.de/web/media/files/hagen/m04/m0402/statutes/S606001.pdf abgerufen

Stadt Wetter (Ruhr). (23. 11.2010). *Verwaltungsgebührensatzung der Stadt Wetter (Ruhr).* Von https://www.stadt-wetter.de/fileadmin/user_upload/Dokumente/Ortsrecht_0/0-12_1_.pdf abgerufen

Stadt Wetter (Ruhr). (25. 06.2015). *Satzung der Stadt Wetter (Ruhr) über die Erhebung von Beiträgen nach § 8 des Kommunalabgabengesetzes für das Land Nordrhein-Westfalen (KAG NRW).* Von https://www.stadt-wetter.de/fileadmin/user_upload/Dokumente/Ortsrecht_6/6.2_Aenderung_Neufassung_KAG_Satzung.pdf abgerufen

Stadt Winterberg. (19. 07 2017). *Satzung über die Erhebung eines Fremdenverkehrsbeitrages in der Stadt Winterberg (FVBS).* Von https://www.rathaus-winterberg.de/fileadmin/user_upload/rathaus/Buerger_Service/Steuern_Gebuehren_Beitraege/Dateien__pdf__etc._/Satzungen/Satzung_ueber_die_Erhebung_eines_Fremdenverkehrsbeitrages_fuer_das_Jahr_2017_in_der_Fassung_der_6._AEnderung.pdf abgerufen

Städte- und Gemeindebund Nordrhein-Westfalen. (23. 02 2016). *Mitteilungen - Finanzen und Kommunalwirtschaft; StGB NRW-Mitteilung 120/2016.* Von https://www.kommunen-in-nrw.de/mitgliederbereich/mitteilungen/detailansicht/dokument/ey-studie-zur-entwicklung-der-realsteuerhebesaetze.html?cHash=79ef8baa37608ee66bf80b3fbb2a4aa0 abgerufen

Statista GmbH. (2018). *Statista - Das Statistik-Portal.* Von https://de.statista.com/statistik/daten/studie/71763/umfrage/geber-und-empfaenger-beim-laenderfinanzausgleich/ abgerufen

Statista GmbH. (2018). *Statista - Das Statistik-Portal.* Von https://de.statista.com/statistik/daten/studie/2112/umfrage/veraenderung-des-bruttoinlandprodukts-im-vergleich-zum-vorjahr/ abgerufen

Timmler, V. (11. 05.2017). *Süddeutsche Zeitung - SZ.de.* Von http://www.sueddeutsche.de/wirtschaft/nrw-vor-der-wahl-monheim-zieht-ploetzlich-geld-an-1.3481456 abgerufen

Tourismus NRW e. V. (Hrsg.). (2018). *Übersicht der Heilbäder und Kurorte in NRW.* Von http://www.nrw-tourismus.de/heilbaeder-und-kurorte abgerufen

Weber, P. D. (14. 02.2018). *Gabler Wirtschaftslexikon.* Von https://wirtschaftslexikon.gabler.de/definition/kalkulatorische-zinsen-40705/version-264084 abgerufen

wirtschaftslexikon24.com. (2018). *Kosten.* Von http://www.wirtschaftslexikon24.com/d/kosten/kosten.htm abgerufen

Wissenschaftliche Dienste des Deutschen Bundestages. (16. 11 2010). *Fragen zu § 3 Grundsteuergesetz.* Von https://www.bundestag.de/blob/406526/8794f128d456f5868574bdd10b7bc524/wd-4-286-10-pdf-data.pdf abgerufen